KB063012

전 세계 가톨릭 교회의 영적 지도자

프란치스코 교황 리더십

유한준 지음

청소년 멘토 시리즈

Papa Francesco

Papa Francesco

두려워 마세요!
Don't be afraid !

BOOK STAR

머리말

지구촌의 영적 지도자, 가톨릭 교회의 CEO

프란치스코 교황은 로마 가톨릭 교회의 제266대 교황입니다. 2013년 3월 13일 교황으로 취임하여 현재 지구촌의 가톨릭 교회를 이끌고 있는 CEO입니다.

교황의 본명은 호르헤 마리오 베르고글리오Jorge Mario Bergoglio, 이탈리아 이민 가정의 5남매 중 장남으로 아르헨티나 수도인 부에노스 아이레스 태어났습니다. 어린 시절 기술학교에서 공부하고 화학기술 자격증을 따낸 뒤 나이트클럽 경비원과 청소 관리인, 화학실험실의 연구원 등으로 잠시 일한 적이 있습니다.

그는 성직자가 되기로 결심하고 신학교에 입학하여 신학을 공부하였고, 1969년에 사제 서품을 받아 공식적으로 성직자의 길로 접어들었습니다.

성실하고 근면 검소한 성품을 타고난 베르고글리오는 성직자로서 모범적인 삶을 이어가면서 경험을 쌓고 두터운 신임을 받았습니다.

1973년부터 1979년까지 예수회의 아르헨티나 관구장으로 봉직하였고, 1998년에는 부에노스아이레스 대교구장으로 임명되었으며, 4년 만인 2001년에는 추기경에 서임되는 영예를 안았습니다.

열심히 봉직한 그에게 2013년 행운이 다가온 것입니다. 가톨릭 추기경들에게는 최고의 영예로 추앙받는 로마 교황청의 교황으로 선출되었습니다. 그의 교황 선출은 너무나 뜻밖의 일입니다.

그해 2월 28일 로마 교황청은 교황 베네딕토 16세가 스스로 교황직에서 물러나는 사태를 맞았기 때문입니다.

로마 교황청은 새 교황을 선출하는 긴급 추기경 회의를 소집하고 새로운 교황을 선출하는 문제를 다룬 끝에 아르헨티나 추기경인 베르고글리오를 새 교황으로 선출한 것입니다.

그로부터 2주일 뒤인 3월 13일 호르헤 마리오 베르고글리오 추기경은 전 세계 가톨릭 신자들과 각국 지도자들로부터 축하를 받으며 로마 교황청 교황으로 즉위하였습니다.

교황에 선출된 그는 교황으로서의 자신의 본명을 쓰지 않고 아시시의 '성 프란치스코'라는 이름을 따서 '프란치스코 교황'이라고 스스로 붙였습니다.

프란치스코 교황은 가톨릭 교회 역사상 최초의 남북 아메리카 대륙 출신 교황이면서 최초의 예수회 출신 교황이라는 진기록을 세웠습니다.

더구나 프란치스코 교황은 시리아 출신의 교황 그레고리오 3세 이후 1282년 만에 처음으로 탄생한 유럽 지역이 아닌 다른 지역 출신 추기경으로 로마 교황청을 다스리는 최고의 성직자가 되었습니다.

프란치스코 교황은 가톨릭의 기본인 라틴어를 비롯하여 영어·이탈리아어·스페인어·프랑스어·독일어·포르투갈어·우크라이나어까지 다양한 외국어를 구사할 줄 아는 교황입니다.

평소의 일상생활 속에서 공적으로나 사적으로나 항상 검소함과 겸손함을 잃지 않고 있습니다. 사회적으로 힘이 없는 소수의 사람들, 특히 가난한 사람들에 대한 관심과 관용을 촉구하는데 앞장서고 있습니다.

여러 가지 독특하고도 다양한 배경과 신념, 신앙을 가진 사람들과의 대화를 즐기고, 여러 계층의 사람들을 만나 이야기를 나누고 있습니다. 그런 대화를 통해 서로 의견 소통이 오갈 수 있도록 마음을 열어 놓은 교황입니다.

이러한 노력으로 2013년 '올해의 인물'로 뽑히면서 지구촌에서는 가장 영향력 있는 지도자로 우뚝 섰습니다.

프란치스코 교황은 어떤 틀에 얽매여서 형식적이고도 전통적인 명예의식을 갖기보다는 낮은 자세로 소박하고 격식에 크게 좌우되지 않는 자유로움을 더 즐기는 교황으로 유명합니다.

　호화롭다는 평가를 받아온 교황청 궁전에 거주하지 않고 보통 사제들의 숙소인 '성녀 마르타의 집' 201호를 자신의 거주지로 삼았고, 교황 전용 승용차를 이용하지 않고 대중교통을 이용하고 있습니다.

　가톨릭 교회의 권위와 전통을 보여주는 붉은색 교황 정복인 모제타를 입지 않고 소박한 신부복 차림을 하여 세계의 추기경을 놀라게 하였습니다.

　"두려워 마세요! Do not be afraid!"를 강조하는 프란치스코 교황의 근면, 검소, 성실한 삶을 본받아 꿈과 희망을 이루기 바랍니다.

유 한 준

II 겸손과 검소의 리더십

Ⅲ 봉사와 헌신의 리더십

IV 활기 넘치는 리더십

V 개혁과 변화의 리더십

VI. 사랑과 용서의 리더십

부록

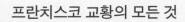

프란치스코 교황의 모든 것

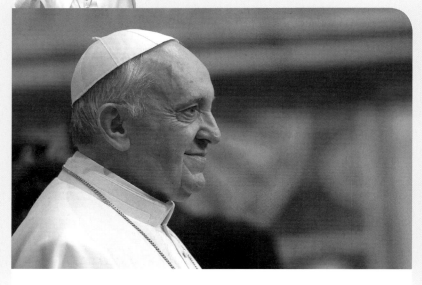

■ 본명 : 호르헤 마리오 베르고글리오

이탈리아 발음 : 베르골요, Jorge Mario Bergoglio

■ 교황명 : 프란치스코 교황

라틴어로 : Franciscus PP, 이탈리아어 : Papa Francesco

■ 출생 : 1936년 12월 17일

■ 출생지 : 아르헨티나 수도 부에노스아이레스

■ 아버지 : 마리오 호세 베르고글리오

- 어머니 : 레히나 마리아 시보리
- 형제 : 5남매 중 장남
- 직위 : 제266대 교황
- 교회 : 로마 가톨릭 교회
- 국적 : 아르헨티나, 바티칸시국
- 거주지 : 바티칸 '성 마르타의 집' 201호
- 사목 표어 : 자비로이 부르시니 Miserando atque Eligendo

| 젊은 시절 가족과 함께 있는 프란치스코 교황(뒷줄 가운데)

프란치스코 교황 연보

- 살레시오회 학교 입학
- 기술학교 입학, 졸업 때 화학기술 자격증 따냄
- 1958년 3월 11일 : 예수회에 입회
- 1963년 : 산미겔 시 성 요셉대학 신학교에서 철학사 학위 취득
- 1964~1965년 : 산타페 시 안마콜라다 대학에서 문학과 심리학을 가르침
- 1966년 : 부에노스아이레스 엘살바도르 대학교에서 문학과 심리학을 가르침
- 1966~1970년 : 산미겔 시 성 요섭대학신학교 대학원에서 신학전공
- 1969년 12월 13일 사제 서품
- 1973년 4월 22일 : 종신 서원
- 1973~1979년 : 예수회 아르헨티나 관구장
- 1980~1986년 : 산미겔 신학대학 학장 겸 산호세 본당 주임 사제

- 1986년 3월 : 독일에서 박사학위 취득. 이후 엘살바도르 대학교와 코르도바 대학교의 고해 사제와 영성 지도자 역임
- 1992년 6월 27일 주교 수품
- 1997년 6월 2일 부에노스아이레스 대교구 부교구장 주교
- 1998년 2월 28일 : 부에노스아이레스 대교구장
- 2001년 2월 21일 : 추기경 서임
- 2005 ~ 2011년 : 아르헨티나 가톨릭 주교회의 의장
- 2013년 2월 13일 : 제266대 교황으로 선출
- 2013년 3월 13일 : 제266대 교황으로 즉위
- 2013년: 미국 타임지 선정 올해의 인물. 세계에서 가장 영향력 있는 리더로 추앙

01

희망의 리더십

01 가톨릭 교회의 CEO

창세기에 세상이 처음 열리고, 태초에 천지가 창조될 때 땅이 혼돈하고 공허하였으나, 빛이 일어나며 어둠이 사라졌다.

이와 같이 프란치스코 교황의 리더십은 위기에 빠진 가톨릭을 구출하는데 일단 탁월한 솜씨를 보여주었다는 데서 더욱 빛나고 있다. 이런 결과는 "교황에 취임 1년 만에 위기에 빠진 가톨릭을 회생시킨 최고의 성직자"라고 외신들이 평가한 것이다.

가톨릭의 위기는 전통적인 유럽 지역에서 다른 종교들과의 경쟁에서 밀리고 많은 신자가 가톨릭 교회를 떠나는 사태를 맞으면서 일어났다. 그래서 외신들은 교황 취임 1주년을 평가하면서 "위기에 빠진 기업의 조직을 건져 올리면서 경영을 되살려낸 CEO_{최고 경영자}"라고 보도하였다.

그러나 과거에는 종교를 기업이라고 여기는 사람은 별로 없었지만, 오늘날에는 종교도 그 규모가 엄청나게 커서 훌륭한 기업체와 같다고 보는 사람이 많다.

그런 관점에서 언론들이 지구촌의 가톨릭 교회들을 이끄는 로마 교황청을 대기업 그룹처럼 여긴 것이다. 기업의 최고 경영자를 교황으로, 기업은 가톨릭 교회를, 조직은 바티칸의 교황청을 가리키는 말이다.

프란치스코 교황은 로마 교황청 미사를 통하여 이렇게 강론하였다.

"성인은 자신보다 남을 먼저 생각하고 자신의 일을 뒤로 하고 타인의 일을 먼저 생각해야 한다. 자신의 몸을 앞세우지 말고 남을 먼저 보듬어야 하고 어질고 겸손하며 남과 다툼이 없어야 한다. 결코, 사심을 품지 말고 정의에 반하는 언행을 하지 말며 도덕적으로 순수하고 정신적으로 순결해야 한다."

외신들은 프란치스코 교황은 미국 애플의 스티브 잡스나, IBM의 루 거스너처럼 미국의 명문인 하버드 경영대학원의 경영 사례 연구에 들어가야 할 CEO라고 덧붙였다.

"세상은 혼자가 아니고 함께 더불어 살아가는 것이다. 모두가 행복한 삶을 살아갈 때 다 함께 행복하며 인류가 발전한다. 몸이 건강할 때 마음이 건강하다. 모든 생명은 모두 소중하다. 갈등을 털어내고 마음의 등불을 밝히고 스스로를 성찰하는 성직자가 되어야 한다. 불우한 사람들, 고통 받는 이웃들을 따뜻한 마음으로 감싸주고 슬픔을 함께하면서 치유해 주는 가톨릭이 되어야 한다."

위기의 봄에서 탈출하자

사실 가톨릭 교회는 2013년 봄 이전까지 엄청난 위기에 빠졌었다. 그가 교황으로 취임한 그때 바티칸은 매우 어려운 상황에 휩싸일 정도로 위기라는 분위기가 짙었다.

르네상스 이후 19세기까지 유럽 지역에서 전체 종교 신자의 65%가 가톨릭 신자일 정도로 다수를 차지하고 있었다. 그러나 2010년에 들어와 그 수가 차차 줄기 시작하더니 2012년 연말에는 24%로 곤두박질하듯 급격하게 줄어든 것이다.

"가톨릭 교회가 타락했나?"

"교회를 살려야 한다!"

"새롭게 거듭나야 한다."

"위기에서 탈출해야 한다."

바티칸에서는 가톨릭 교회의 재건을 외치는 이런저런 말들이 이구동성으로 쏟아져 나왔다. 하지만 신자들이 떠나는 흐름을 막을 수 있는 묘안이 쉽게 떠오르지 않았다.

베네딕토 교황의 사퇴

2013년 2월 11일, 바티칸시국과 로마 교황청에서 일하는 추기경들이 사도 궁전 회의실로 속속 모여들었다. 베네딕토 16세 교황과 회의를 하기 위해서다. 회의의 주제는 세 명의 새 성인들의 시성을 승인하기 위한 것이었다.

회의는 보통 때와 마찬가지로 차분하게 진행되기 시작하였다. 새로운 성인을 승인하는 일이라 축제 분위기였다.

그런 흐름 속에서 회의를 마친 뒤 베네딕토 16세 교황이 나직한 음성으로 말을 하였다. 교황의 음성은 가늘게 떨리고 있었다.

"오늘 회의는 축제로 마쳤소. 이제 중요한 한 가지가 더 있어요."

"예? 중요한 것이라니요?"

추기경들은 일제히 교황의 표정을 살폈다.

"나는 지난 몇 달 동안 건강 문제로 많은 고민을 했고, 또 시달려 왔소. 그러나 건강은 더욱 나빠지고 나에게 주어진 업무를 제대로 수행하기가 힘들어요. 그래서 스스로 교황 자리에서 물러날

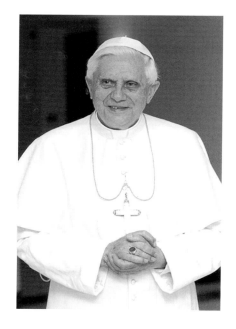

| 제265대 교황 베네딕토 16세

것을 선포합니다."

교황 자신이 사퇴하겠다고 밝히는 것이다. 구이도 포치 대주교가 깜짝 놀라며 사퇴 의사를 받아들일 수 없다고 말하였다.

"공경하옵는 교황 성하! 그러실 수는 없습니다!"

다른 추기경들도 사퇴해서는 안 된다며 반대 의사를 밝혔다.

"교황께서 스스로 물러가겠다니 이는 엄청난 충격입니다."

"교황청 역사사상 600여 년 만의 대사건입니다."

추기경들은 모두가 크게 놀랐다. 그러나 베네딕토 교황은 물러설 생각이 없었다.

"친애하는 형제 여러분! 병든 나를 놓아 주고 새로운 교황을 선출해야 합니다. 그동안 여러 추기경께서 노쇠한 나를 진심으로 돕고 격려하면서 사랑해 주었소. 그 고마움을 잊을 수 없소. 건강한 교황을 선출하시어 바티칸을 다스리고 세계 가톨릭을 이끌어 간다면 주님도 크게 기뻐하실 겁니다."

이로써 교황청은 598년 만에 살아 있는 교황이 스스로 물러나는 충격에 빠졌다.

교황의 사임

교황은 일반적으로 선종세상을 떠남 때까지 직무를 수행한다. 교황이 생전에 교황 자리를 사임하거나 포기하는 일은 매우 드물다. 가톨릭 교회법은 이를 매우 엄격하게 규정하고 있다. 교황은 가톨릭에서는 최고의 권한, 절대적인 지위를 지닌다. 따라서 교황의 사임을 수락하거나 승인할 사람은 없다. 다만, 교황의 사임은 자기 스스로 사임하는 경우와, 사임의 타당성이 갖추어질 때 그 효력이 있다.

베네딕토 교황은 자신의 건강 악화를 사임 이유로 스스로 밝혀 사임 요건이 충족된 것이다.

교황 사임의 역사

로마 교황청의 교황은 제1대 성 베드로 교황이 67년에 퇴위즉위 연도는 모름한 이래 265대 베네딕토 16세 교황에 이르기까지 역대 교황 가운데 살아 있으면서 사임한 교황이 과연 몇 명이나 될까?

세계 언론들은 베네딕토 16세 교황이 선종 전에 사임한 세 번째 교황이라고 밝혔지만, 정확하지는 않다는 것이 교황청의 발표이다. 그런 연유는 사임의 정확한 기록이 없다는 것이다. 먼 옛날의 교황들 가운데는 황제들이 교회에 간섭과 압력을 넣어 교황을 추방한 경우도 있고, 그런 압력에 견디지 못하고 스스로 물러난 교황도 있기 때문이다.

혹시라도 교황이 그의 임무를 사퇴하려면 유효 요건으로서 그 사퇴가 자유로이 이루어지고 올바로 표시되어야 하지만, 아무 한테서도 수리될 필요는 없다. (교회법 제332조 2항)

그러나 교황이 외부의 압력에 의해 사임한 대표적인 사례로는 5명의 교황이 있었다.

(1) 제18대 교황인 성 폰시아노 교황으로 230년 7월 21일 교황에 취임하였으나 압력에 밀려 235년 9월 28일 스스로 물러났다.

폰시아노 교황은 막시무스 트락스 황제가 다스릴 때 가톨릭 교인들이 가혹한 박해를 받았는데, 그때 교황도 체포되어 채석장으로 끌려갔다가 스스로 사임한 것이다.

(2) 제137대 교황 요한 18세이다. 1003년 5월 12일 교황이 된 뒤 로마 귀족들 특히 크레첸티 가문의 탐욕에 시달리다가 1009년 7월

사임한 뒤 수도원으로 들어가 여생을 마쳤다.

(3) 제145대 베네딕토 9세 교황이다. 그는 1032년부터 1048년까지 16년 동안 교황으로 있다가 쫓겨나고 다시 교황에 취임하였다가 사임하기를 세 차례나 되풀이하다가 물러난 기록을 세웠다.

(4) 제192대 성 첼레스티노 5세 교황은 1294년 8월 교황에 취임하였으나 1년도 채우지 못하고 사임하였다.

(5) 제205대 교황인 성 그레고리오 12세는 1406년 12월 교황이 되었으나 동서 교회의 분열을 끝낸다는 명분으로 1415년 7월 사임하였다.

가톨릭과 교황敎皇, Pope

● 가톨릭Catholic

'보편적', '일반적', '세계적'이라는 뜻에서 온 전통적 교회 호칭이다. 가톨릭 교회라는 말은 110년경 순교한 안티오키아의 주교 이냐시오가 스미르나 교회로 보낸 편지에서 '참 교회'라는 뜻으로 처음 썼다.

그는 편지에서 "가톨릭 교회는 만대萬代 만인萬人을 포함하는 공공의 교회로서 이단 분파 종파에 대한 전통적 참 교회"라고 강조하였다.

그러나 종교개혁 운동이 16세기부터 일어나면서 19세기에 개신교 개혁과는 다른 의미에서 가톨릭 개혁이라는 말을 쓰기 시작하였다.

따라서 가톨릭 교회는, 따로따로의 개별적 교회가 아니라 보편적 전체 교회이고, 이단이나 분파적 교회가 아니라 전통적이고, 동방교회는 정正교회임에 반하여 서방교회는 가톨릭 교회이며, 현재는 개신교에 대립되는 개념으로 일컫고 있다. 지금은 로마 가톨릭 교회와 이에 대칭되는 그리스도 정교회로 구분되고 있다.

● 교황敎皇, Pope

전 세계 가톨릭 교회를 이끌고 있는 최고위의 성직자이다, 교황은 교회에서 사용하는 애정과 존경이 깃든 칭호이다.

흔히 '가톨릭의 대통령'으로 로마의 교황 또는 주교主敎, 파파 Pope, 믿음의 아버지, 성하聖下 등으로 불린다.

교황청에서는 교황을 로마의 주교, 예수 그리스도의 대리자, 사도들의 계승자, 서방 교회의 최고 성직자, 서방의 총대 주교, 이탈리아의 수석 주교, 로마의 총대 주교, 바티칸 시의 군주 등 다양한 이름으로 호칭한다.

'포프' 혹은 '파파'약자로 PP는 공식적으로 '덜 엄숙한 뜻'으로만 쓰인다. 교리적으로 교황은 사도들의 우두머리였던 성 베드로의 계승자로 간주된다. 그러므로 교황은 로마의 주교로서 신앙과 도덕 문제에서, 그리고 교회 치리治理와 통치에서 모든 교회에 최고의 사법권을 갖는다.

따라서 사도 베드로의 후계자로서 가톨릭 교회에서의 최고 권능을 행사하며 로마 바티칸시국을 통치하면서 지구촌 가톨릭 교회를 통솔하는 최고위 주권자이다.

교황은 추기경단에서 선출하며 가톨릭 신앙에 대한 최고의 재결자裁決者이고 최고의 권능을 직접 또는 성인聖人 등을 통해 시행한다.

이를 교황권이라고 하는데, 사도 베드로의 후계자로서, 또 로마의 주교로서 가톨릭 교회 안에서의 신도들을 지도하고 통솔하는 사목권의 최고 책임을 행사하는 것을 말한다.

02 삼위일체의 큰 뜻 실현

로마 교황청의 역사는 수난의 역사였지만, 찬란한 유물들을 간직하여 자연사 박물관으로 명성을 떨치고 있다.

가톨릭의 중심 교황청에서 베네딕토 16세 교황이 스스로 물러남에 따라 프란치스코 교황이 새 주인공으로 지구촌 가톨릭 교회들을 통솔하고 있다.

598년 만에 처음으로 교황이 스스로 물러나는 충격을 딛고 즉위한 프란치스코 교황은 고국인 아르헨티나에서 가톨릭 성직자로서 철저한 체험을 쌓았다.

온 국민의 95%가 가톨릭교를 믿는 고국에서 성직자로서의 훈련을 연마해온 교황은 지금 교황청에서 부드럽지만 강도 높은 혁명으로 새로운 교회사를 쓰고 있다.

교회의 뿌리를 이루고 있는 삼위일체, 곧《성서》속의 신은 아버지와 아들과 성령으로 존재한다는 삼위의 교리를 실천하고 심어주는데 정성을 다하고 있다.

삼위일체는 3위의 격을 지니지만 그 실체는 하나라는 의미로 통한다. 그리스도 교회의 근간을 이루는 말이다. 하나인 신은 아버지와 아들과 성령이라는 서로 다른 세 격으로 표현되지만, 결국에는 하나라는 것을 강조하고 있다. 아버지로 인하여 내가 있고 인간이 존재함으로써 신을 믿게 된다는 말이다.

사람은 누구나 세상을 살아가는 동안 생각지도 못한 여러 가지 일들을 겪게 된다. 그런 일들 가운데는 즐거운 일도 있고 어려운 일도 있으며 고난의 일도 만나게 된다.

모두가 하늘의 뜻

인간의 삶에서는 보이지 않는 일이 현실로 다가오기도 하고 예상하지 못한 일들이 불쑥불쑥 벌어지기도 한다. 사람에게는 그런 일들을 미리 생각하고 대처하는 지혜로움이 부족하다. 우주는 너무나 광활하고 자연의 섭리는 너무나 분명하기 때문이다.

인간의 삶에서 우주의 원리나 자연의 섭리를 거역할 수는 없다. 그것은 언제나 정확하고 거짓이 없기 때문이다.

따라서 삼위일체가 하나라는 통일성의 믿음을 실천하는데 정성을 쏟고 있다. 그 힘의 바탕은 바로 우주의 순환운동에서 얻어지는 것이라고 생각한 것이다.

그런데 인류가 그 깊고도 오묘한 진리를 모르면서 세상을 살아간다. 그 지혜를 주는 것이 하늘이다. 삼위일체는 인간의 언어로서 하늘의 뜻을 설명하는 것이다. 가톨릭에서는 사람이 이성으로서, 지혜로서 성령의 높고도 큰 뜻을 알고 실천하도록 가르쳐 준다. 그것이 곧 삼위일체의 지혜로움이다.

그러나 현실 세계에서 성령과 하나가 된다는 것은 사실상 불가능하다고 보는 사람들이 많다. 하지만 어렵고 힘든 고난의 길이라해도 따르고자 하는 믿음의 정도와 깊이에 따라 불가능한 일도 가능한 것으로 바꿀 수도 있다. 그런 노력이 필요하다.

여기에 믿음의 삶, 종교의 힘이 있다. 그래서 삼위일체의 큰 뜻을 일깨워주고 심어주는 일이 결코 쉬운 일이 아니라 무척 힘든 고난과 역경의 길이라고 말한다.

삼위일체라는 말은 안티오키아의 테오필루스라는 사람이 처음으로 그리스 말의 셋이라는 Trias로 표현하면서 쓰게 되었다. 그러나 실체를 확인할 수 없는 신을 어떻게 구체화할 것인가를 놓고 격론이 계속 벌어졌다. 여러 세기를 이어오면서 계속된 격론은

"성령은 아버지와 아들로부터 나온다."로 결론을 내리면서 신학적인 바탕을 세웠다.

그 싹이 전혀 안 보이는 것도 아니므로 후대의 교의 체계 확립에 앞서 그 뿌리가 반드시 내려질 것이라고 믿고 있는 것이다. 가톨릭에서는 삼위일체에 대해 여러 가지 견해들이 많았고 또 논쟁도 무척 오래 진행되었다. 본질적으로 인간과 신, 신앙과 역사라는 어려운 숙제를 어떻게 풀어가야 하는가 하는 것이 과제였다.

그러다가 451년 칼케돈 공의회에서 비로소 삼위일체론이 정통 신조로 인정하기에 이르렀다. 그런 바탕 위에서 삼위일체를 이해하고 성령을 굳게 믿고 있는 프란치스코 교황은 삼위일체를 실천하는데 남보다 더 열성적이다.

가톨릭 교회의 수난사

가톨릭 교회의 수난사는 먼 옛날부터 있어 왔다. 예루살렘의 골고다 언덕, 그 십자가 위에서 죽음을 당하고 부활한 예수를 그리스도, 즉 약속의 메시아, 인류의 구세주라고 선포한 열두 사도의 메시지는 로마에도 전달되었다.

그러나 네로 황제는 엄청난 박해를 가했다.

그 뒤 세월을 거치면서 박해를 이겨내고 시련을 극복하면서 가톨릭 교회로서의 발전을 거듭하여 오늘에 이른 것이다.

현대에 이르러 가톨릭 교회가 신자들을 위해 지구촌의 평화와 가난 구제 등 많은 일을 소리 없이 진행하여 오고 있다.

그런 과정에서 일부에서 잘못된 비리가 생기고 불미스러운 일들이 빚어졌다.

"나눔을 함께하면 모두가 행복해 지고, 자기만을 생각하면 모두가 불행해진다."

교황은 교황청 안에서 움트고 자란 불미스러운 싹들을 잘라내는 일에 칼을 들이대고, 잘못된 관행의 비리와 부정을 뿌리째 뽑아내는 일에 손을 댔다. 그런 혁명의 리더십으로, 또 경영의 리더십으로 박수를 받고 있는 것이다.

03 교황 탄생과 명칭

　새로운 교황 선출과 관련하여 세계 여러 나라에서 각기 자기 나라 출신 추기경이 새 교황으로 선출되기를 은근히 희망하였다.

　아르헨티나 출신의 프란치스코 추기경을 새 교황으로 선출한 것은 교황청 역사상 큰 이변이라는 것이다.

　로마 교황청을 두고 있는 이탈리아에서는 새로운 교황이 자기 나라 추기경 가운데서 나오기를 바랐지만, 결과는 뜻밖이었다.

　그래서 이탈리아에서도 무척 아쉬워하였다. 다만, 이탈리아계 이민자 교황이라서 좀 괜찮다는 분위기였다.

　유럽에서는 전통과 관례로 볼 때 당연히 새 교황은 유럽 추기경 가운데서 나올 것이라고 믿었다.

　그러나 기대는 완전히 어긋났다.

아프리카에서는 흑인 교황을 은근히 기대했다. 기대가 컸던 만큼 아프리카에서는 섭섭해하는 분위기가 뚜렷하였다.

하지만 별로 기대를 하지 않았던 남아메리카에서는 역사상 첫 남미계 교황이라고 기뻐하며 축제를 이루었다.

그만큼 새로운 교황의 탄생은 지구촌의 큰 이슈였다.

프란치스코를 교황으로 선출하는데 베네딕토 16세의 뜻이 크게 작용했다는 뜬소문도 나왔다.

프란치스코라는 이름을 선택한 교황은 역사상 처음으로, 아시시의 성 프란치스코를 따른 것이다.

전임 교황의 이름이 아닌 새로운 이름을 교황 명칭으로 정한 것은 1100년 만이다.

초대 교황인 성 베드로 이후 최근의 263대 교황 요한 바오로 Ⅰ세, 264대 요한 바오로 Ⅱ세도 요한23번과 바오로6번로 각각 나누어서 보면 이미 많이 사용되어 왔던 교황 이름이다.

그런 의미에서 기존에 사용된 적이 없는 이름을 교황 이름으로 정한 것은 913년에 즉위한 제123대 교황 란도 이후 무려 1100년의 세월이 흘러간 뒤가 된다.

전임 교황 베네딕토 16세가 고령으로 인한 건강 문제 때문에 교황 자리를 스스로 내놓고 물러난 뒤, 역시 고령인 프란치스코가 교황으로 선출된 것을 놓고 추기경단이 몇 년간의 시간 벌기를 선택했다는 관측이 나오기도 했다.

교황에 대해서는 가톨릭 역사와 함께 많은 변천을 겪어 왔다.

가톨릭 교리에 따르면 그리스도는 그를 믿는 사람들을 지도하기 위하여 단체를 만들고, 그 지도자를 열두 제자들에게 맡겼다.

그 우두머리로 요한의 아들 시몬을 선택하고 바위라는 뜻을 지닌 베드로라는 이름을 주고 그의 무덤 위에다 교회를 세웠다고 전한다.

그런 역사적 사실에 근거하여 베드로의 후계자를 가톨릭 교회의 수장인 우두머리, 곧 교황으로 인정하게 되었다는 것이다.

그러나 가톨릭 교회가 아닌 개신교에서는 교황이라는 명칭을 인정하지 않는다.

교황 선출 추기경 선거인단

교황 선출을 위한 추기경 선거인단은 몇 명이나 될까? 현재 지구촌의 추기경단은 67개국 207명이다.

이들 가운데 80세 이하의 추기경들만이 교황을 선출하는 시스텐 성당 콘클라베에 참여하여 선거할 수 있다.

더구나 교황 선출이 있을 때 건강 때문에 로마 바티칸에 갈 수 없는 추기경이나, 부적절한 행동으로 인하여 공적인 활동이 제한된 추기경은 콘클라베에 참여할 수 없다.

추기경의 임명권은 교황의 절대 권한이다. 제264대 교황인 요한 바오르 2세는 50명의 추기경 선거인단을 지명하였고, 제265대 베네딕토 16세 교황은 67명의 추기경 선거인단을 임명하였다.

추기경 선거인단을 지역별로 보면, 유럽 지역이 18개국 61명으로 가장 많고, 다음은 북미 지역 14개국 17명, 남미 지역 11개국 16명 순이며, 아프리카 지역은 11개국 16명, 아시아 지역은 7개국 11명, 오세아니아 지역은 1개국 1명 등이다.

추기경 선거인단을 나라별로 보면, 이탈리아가 28명으로 가장 많고, 그 다음은 미국으로 11명이며, 독일이 6명으로 세 번째로 많다. 그 밖에 브라질, 인도, 스페인이 각각 5명씩이고 프랑스, 폴란드가 각각 4명씩이며, 캐나다, 멕시코가 각각 3명씩이다.

교황 이름에 담긴 뜻

프란치스코 교황이라는 이름에 대해 많은 사람들이 궁금하게 여겼다. 성 베드로, 성 바오로, 성 요한 같은 이름이 교황의 명칭으로 더 좋다고 생각했는데, 프란치스코라는 교황 이름을 붙였기 때문이다.

2013년 3월 16일 프란치스코 교황은 기자회견에서 여러 가지 질문을 받았다. 그 가운데서도 특히 교황 이름이 생소하다는 질문을 받고 소상하게 밝혔다.

"형제자매들이여! 왜 프란치스코 교황이라고 했는지 궁금하죠? 여러분에게 그 연유를 말하겠다. 교황 선거를 하는 동안 나는 성직자성 명예의 장관이며 상파울루의 명예 대주교인 클라우디오 후메스 추기경 옆에 앉아 있었다.

투표가 끝나고 개표가 시작되었는데, 그 장관은 나를 보면서 '좋은 친구, 참 좋은 친구여!' 하고 거듭 말하는 것이다. 그런데 개표가 3분의 2쯤 진행되었을 때 그 장관은 '남은 표를 개표하지 않아도 새 교황은 이미 결정된 상황'이라며 박수를 터뜨리고는 나를 끌어안았다.

'교황이여! 가난한 사람들을 잊지 마시오!'라고 격려의 말을 하였다. 그 순간 장관이 말한 '가난한 사람들'이라는 이미지가 나에게 강렬하게 다가오면서 아시시의 프란치스코가 떠올랐다. 드디어 개표가 끝나고 나는 새 교황으로 확정되었다.

아시시의 프란치스코는 지난 세월의 전쟁에서 평화를 대변하였던 사람이다. 그래서 내 마음에 들었고 내 생각을 사로잡았다. 그것이 프란치스코라는 이름을 교황 이름으로 정한 까닭이다. 그는 진정으로 가난한 사람이었고 평화를 사랑한 사람이었다. 그리고 그 평화의 정신을 우리들에게 심어주려고 노력한 사람이었다. 나에게 있어서 그는 가난한 사람, 진정한 평화, 숭고한 인간의 사랑과 자연의 사랑, 다 함께 축복을 누리며 사는 세상을 계시한 것이다.

오늘날 지구촌의 모든 사람은 모든 창조물과 좋은 관계를 유지하지 못하며 살아가고 있다. 가난한 교회, 그리고 가난한 사람들을 위하는 사랑의 교회, 내 어찌 이를 외면하며 이를 실행하지 않을 수 있겠는가!"

프란치스코의 명칭

프란치스코라는 이름은 이탈리아의 수도사 성인 프란체스코1181~1226년에서 유래되었다.

▲ 아시시의 성 프란치스코

아시시의 부유한 섬유 상인인 피에트로 베르나르도네의 아들로 태어난 그는 20세 때까지 아버지의 사업을 도우며 자랐다. 1202년 아시시와 페루자 사이에 전쟁이 일어나자 군인으로 출정하여 싸우다가 포로가 되었다. 포로 감옥에서 병을 얻고 석방된 뒤 삶에 대한 회의를 느끼면서 가난한 사람들을 위한 봉사의 길을 선택하였다.

로마 성지 순례 중에 성 베드로 무덤을 보고 감동한 그는 가지고 있던 돈지갑을 통째로 무덤에 바치고 알몸 거지 생활을 하면서 성직자의 길을 걸었다.

1209년 교황 안노첸시오 3세를 알현하고 수도회의 인가와 설교 허가를 받은 뒤, 프란치스코회를 만들었다. 이 회가 최초의 탁발수도회작은 형제들의 수도회가 되었다.

하얀 연기의 기적

바티칸시국 시스틴 성당의 굴뚝을 바라보는 수많은 신도는 비둘기들이 굴뚝 위에 올라 앉아 소식을 기다리는 모습이 눈에 들어오자 술렁거렸다.

"새 교황이 아직도 선출되지 않았나?"

"왜 하얀 연기가 피어오르지 않지?"

하얀 연기가 피어오르면 콘클라베가 끝났다는 것인데 좀처럼 피어오르지 않는다.

드디어 시스틴 성당 굴뚝에서 하얀 연기가 솟아올랐다.

"하얀 연기다!"

군중들이 일제히 소리쳤다. 하얀 연기는 새로운 교황의 선출이 끝났다는 신호다. 선거 결과 3분의 2 이상 찬성을 얻은 사람이 확정되었고, 새로 선출된 사람으로부터 교황으로 동의를 얻었으며, 새로운 교황으로 선출된 사람 스스로가 새 교황의 이름을 정했고, 추기경단의 충성 서약이 이루어지는 등 모든 절차를 마쳤음을 알려주는 축복의 신호가 바로 굴뚝에서 솟아오르는 하얀 연기이다. 하얀 연기는 몇 분 동안 피어올랐고, 콘클라베가 끝났다는 뉴스가 전 세계로 전달되었다.

몇 분 사이에 로마 성 베드로 광장을 가득 메운 수많은 관중이

기도하고 혹은 노래를 부르고 환호하였다. 로지아의 빨간 커튼이 드리워진 중앙 창문이 열리고 선임 사제 장 루이 티우란 추기경이 나타나 큰소리로 외쳤다.

"여러분! 나는 새로운 기쁨을 전합니다. 새 교황님이 선출되었습니다. 우리의 새 교황은 프란치스코 교황입니다. 로마 교회의 지극히 위대하시고 거룩하시고 존경하옵는 호르헤 마리오 베르고글리오 추기경이 새 교황으로 선출되시었음을 알려 드립니다."

새 추기경의 이름이 발표되자 수많은 관중은 물론 중계방송을 하는 방송기자들도 어리둥절하였다. 로마 광장에서는 별로 알려지지 않은 이름이었기 때문이다.

새 교황은 아르헨티나 부에노스아이레스 대주교로, 겸손하고 조용하며 인자한 사람이라고 소개되었다.

조금 후에 새 교황이 나타나 손을 흔들었다. 새 교황은 수많은 군중을 향해 연설을 시작하였다.

"사랑하는 형제자매 여러분! 안녕하십니까? 여러분께서도 이미 잘 아시는 바와 같이 콘클라베의 임무는 로마의 주교를 선출하는 것이요, 교황의 축복을 내리는 것입니다. 나의 형제 추기경들이 이 사람을 찾기 위해 지구의 저 끝까지 다녀왔습니다. 그리고는 지금 그 사람을 찾아냈어요. 여러분들의 이 같은 환영에 진심으로 감사드립니다. 로마 교구 공동체에는 지금 새 주교가 생겼습니다. 참으로 감사합니다. 먼저 우리의 전임 주교 베네딕토 16세를 위해 기도합시다. 주님께서 그를 축복하시고 성모께서 그를 보호하도록 우리 다 함께 기도합시다!"

프란치스코 교황은 잠시 주님의 기도를 올리고, 성모 찬송, 영광 찬송을 주관하고 다시 말을 이어 나아갔다.

"이제 나는 여러분의 착하고 선한 의지를 전 세계에 전하고 축복할 것입니다. 형제자매 여러분! 다시 만날 때까지 기도해 주세요. 나는 로마를 위해 성모 마리아에게 기도할 것입니다. 안녕히 주무십시오!"

04 교황청에 새 바람

"바티칸의 새 바람을 지구촌 가톨릭 교회에 보여줘야 한다!
나만의 욕심을 버리고 참 교회 정신으로 되돌아가야 한다."

프란치스코 교황은 취임하자마자 조직을 개편하고 구조조정에
손을 대는 한편, 강론의 수준을 신자들의 눈높이에 맞추어야 한
다고 생각하였다. 이를 위해 교황청 추기경 8명으로 자문단을 구
성하였다. 자문단은 모든 대륙에서 골고루 선정되었다. 자문단을
구성하는 일에는 어떤 사람의 반대 의견도 듣지 않을 만큼 강한
의지를 보였다. 교황은 이렇게 강조하였다.

"자문단은 단지 교황의 일을 돕고 조언하는 역할만 하도록 할
것이다."

자문단이 된 추기경들도 교황의 생각과 별반 다르지 않았다.

"차제에 썩은 곳을 과감하게 도려내야 하오!"

"그럽시다! 새로운 시대를 함께 열어가야 합니다."

"교황청의 대수술은 벌써 손댔어야 할 일이었는데 때를 놓쳤어요."

자문단의 주요 임무는 1988년 8월 교황 요한 바오로 2세가 반포한 사도서한 《착한 목자》를 수정하고 개혁하는 문제부터 검토하기 시작하였다. 《착한 목자》는 교황청의 각 부서 조직의 업무 지침을 정리한 행정법과 같은 법령이다. 그러나 그 법령에 모순이 많다는 지적을 받아왔다. 프란치스코 교황은 교황청이 바뀌어야 전 세계 가톨릭 교회가 다시 살아난다는 강한 신념으로 조직 개편과 구조조정을 단행하기 시작하였다.

"교황의 카리스마가 너무 단호하다!"

"너무 강하게 나아가면 반발도 클 것인데……."

교황의 강도 높은 구조조정에 대해 걱정하는 추기경은 물론 사제들도 하나둘 생겨났다.

"교황청 운영에 대한 종합 컨설팅을 받아야겠어!"

"교황님! 그건 좀 곤란한데요."

"잘못된 곳은 고치고 썩은 부분은 도려내자는 게야!"

"하지만 부끄러운 비밀까지 스스로 공개하는 것이 아닌가요?"

"부끄러운 비밀이 있었다고? 가톨릭 교회를 참 교회로 성장하도록 추구하고 지휘하는 교황청에 비밀이 있다? 부정이 있다? 참으로 부끄러운 일이 아닌가!"

교황이 달라졌다

교황은 컨설팅 전문 그룹에게 교황청 행정기구와 '비리의 온상'이라는 지적의 소리를 들어온 바티칸 은행을 재검토하도록 의뢰하였다. 이렇게 강도 높은 재수술을 단행하면서 신자들 속으로 더 가깝게 다가섰다. 매주 빠지지 않고 실시한 강론을 낮은 자세로 성실하게 진행하였다. 교황의 강론이 신자들의 마음과 가슴, 그리고 영적인 정신 속으로 스며들었다.

"교황의 강론이 달라졌어요!"

"살아 숨 쉬는 강론이다!"

"강론을 들으러 가요!"

교황은 어느 날 성 이냐치오 성당 미사에서 강론하고자 가는 길이었다. 수많은 신자가 환영하면서 악수를 청하였다.

그때 바람이 불어 교황의 망토 자락이 어깨를 덮었다.

"교황님! 망토 옷자락이 뒤집혀졌어요!"

"아! 바람도 나를 환영하는군!"

교황은 웃으면서 성당 안으로 들어가 강론을 시작하였다.

"요셉이 청지기에 명하여 가로되, 양식을 각인의 자루에 담을 수 있을 만큼 채우라 하였나니, 이는 곧 나눔을 실천하라는 계시오. 내가 있고 남이 있음은 세상의 진리요……."

프란치스코 교황의 강론은 소문을 타고 널리 퍼져 나아갔다. 교황의 강론을 듣고자 하는 신자들이 로마 교황청의 성 베드로 대성당을 비롯하여 바티칸의 산 피에트로 광장으로 구름처럼 몰려들기 시작하였다.

전임 베네딕토 16세 교황 때는 강론을 들으러 온 신자들이 평균 5,000명 정도였다. 그러나 프란치스코 교황의 강론을 듣고자 찾아드는 신자는 무려 8만 5,000여 명에 이르렀다. 베네딕토 16세 교황 때에 비해 무려 17배나 늘어난 규모라고 교황청이 발표했다.

이것만이 아니다. 전 세계의 트위터 팔로어에서 그대로 비춰졌다. 트윗을 받아보는 사람들은 1,220만 명에 이르렀다. 이는 가톨릭 신자뿐만 아니라 일반 사람들까지 받아보는 것으로 보인다고 교황청이 분석했다. 이처럼 교황 취임 이후 1년 만에 거둔 성적표는 매주 그의 강론과 트위터 팔로어에서 그대로 나타났다. 교황청 주변에 새 바람이 일어난 것이다.

프란치스코 교황에 대한 인기는 유럽을 넘어 미국으로 날아들면서 지지도는 날로 높아졌다. 미국의 언론들은 트위터 팔로어를 타고 치솟으면서 가톨릭 신자들의 85%가 교황을 지지하는 것으로 나타났다며 이렇게 보도하였다.

"교황의 인기는 록 스타와 가까운 돌풍을 일으키고 있다. 혁명은 아니지만 확실히 전례 없는 일임이 분명하다."

바티칸의 역사를 바로 알자

로마 출신이 아닌 프란치스코 교황은 가톨릭의 모든 역사와 유물들이 담겨 있는 바티칸 박물관과 도서관, 그리고 미술관을 자주 찾아간다. 바티칸의 역사를 바로 알기 위해서다. 역사를 통해 옛날 성인들과 교황의 리더십을 통찰하고 실천의 덕목으로 삼으려는 것이다.

우선 바티칸시국의 영토부터 정확하게 알고 있어야 가톨릭 교회를 올바르게 통치할 수 있기 때문이다. 바티칸시국의 영토에는 좁은 땅에 진기한 성당 건축물과 유적들로 가득 차 있다.

그런데 색다른 현상이 있다. 바티칸에서는 박물관이라는 특별한 건물의 의미가 없고, 바티칸 전체가 하나의 거대한 박물관이 되고 있다는 점이다. 그래서 비티칸에서는 모두가 '박물관들'이라고 말한다.

박물관들은 주로 바티쿠스 언덕에 모여 있다. 바티쿠스는 '예언자'라는 뜻인 '바티'에서 따온 이름이다. 현재 박물관들로 사용되고 있는 건물은 성 베드로 대성당, 성 바오로 대성당을 비롯하여 여러 건물이다. 이 건물들은 견고한 레오네 성벽으로 둘러싸여 있다. 846년에 로마를 공격한 사라센이 성 베드로 대성당과 성 바오로 대성당에 보관되어 있던 금은보석과 귀중한 성물聖物들을 약탈해 갔다. 그로부터 6년이 지난 852년 교황 레오 4세의 명으로 이 성벽을 만들었다.

모든 성당들이 하나의 박물관들로 불리는 가운데서도 대표적인 것은 바티칸 박물관이다. 이 박물관 정문에는 미켈란젤로와 라파엘로의 대리석 석상이 서 있다. 그 정문을 통과하여 올라가면 그리스 십자가형의 전시실, 원형의 전시실, 여신들의 전시실, 동물들의 전시실, 2두 전차 전시실, 성서 전시실과 라파엘로의 방, 엘리오도로의 방, 콘스탄티누스의 방들이 이어진다.

특히 라파엘로의 방 벽화 '성 베드로의 해방'을 통해 초대 교황 성 베드로의 발자취를 감상하면서 통찰의 리더십을 새롭게 가슴에 새기고 있다.

교황청 教皇廳

교황의 이름으로 가톨릭 교회의 업무 전반을 통괄하는 중앙 행정기관이다. 법왕청 또는 성청聖廳이라고도 한다.

바티칸에 있으며 국무성, 성성聖省, 관서官署, 재판소, 여러 위원회 등으로 구성되어 있다.

초기에는 교황이 세계의 교회들을 대상으로 업무를 이행하기 위해 로마 시노두스로 전담 기구를 두었으나 세계 교회의 업무가 날  로 늘어나면서 추기경으로 구성된 회의에서 주요 업무를 다루게 하였다.

하지만 여기에도 한계성에 부딪히자 여러 분야로 나눠 관장하는 성의회를 구성하여 운영하고 있다. 교황청은

드디어 1917년에 교회법전敎會法典을 만들고 국무성, 성성, 사무국, 법원, 사무처, 위원회 등을 주요 골자로 교황청 기구를 대폭 바꾸었다.

교회법전에 따라 가톨릭의 종교 행정을 다스린다.

특이한 점은 사무국 안에 가톨릭과 그리스도 사무를 관장하는 사무국 이외에도 무종교자 사무국을 두고 있다는 것이다.

05 브랜드를 키우자

프란치스코 교황은 자신은 물론 사제들까지도 각자 나름대로 브랜드를 설정하고 키워야 한다고 강조한다.

이 말은 명품 브랜드가 가치를 빛내는 것처럼 성직자들에게도 걸맞은 이미지로 자신의 브랜드를 세울 필요가 있다는 주문이다.

"좋은 기업에는 반드시 명품이 있다. 마찬가지로 우리 가톨릭에도 종교적인 명품이 있어야 한다. 그 명품은 교리의 실천, 복음의 실천, 사랑과 용서의 실천이다. 그래야 더 많은 사람이 우리의 명품을 취하고자 몰려올 것이다."

프란치스코 교황의 브랜드 이미지는 로마 교황청에 새 바람을 일으키는 열쇠가 되었다.

우선 프란치스코 교황이 브랜드 이미지로 내세운 것 가운데 가장 관심을 끈 것은 관저로 들어가지 않고 일반 성직자 숙소로 들어간 것이다. 그리고 권위와 명예를 상징하는 교황 정복을 입지 않고 신부 복장을 한 것 등 몇 가지로 두드러졌다.

언론들도 교황의 브랜드적인 가치가 매우 신선하고 높다고 평가하였다. 이런 변화는 교황청에서는 처음 일어난 일들이다. 그래서 프란치스코 교황에게는 '최초'라는 말이 유난히도 많이 붙어 있다.

교황에게 최초라는 말이 붙은 것은 무척 다양하고도 흥미롭다.

남아메리카 대륙 남단 아르헨티나 사람으로는 최초의 교황, 최초의 예수회 출신 교황, 프란치스코라는 이름을 처음으로 쓴 교황, 2013년 올해의 인물로 선정된 교황, 최초의 70대 슈퍼스타, 가톨릭은 낡고 고루하다면서 개혁을 단행한 교황, 온라인과 오프라인을 넘나드는 교황, 화려한 교황 관저 대신에 성직자 50명이 생활하는 숙소에 짐을 푼 교황, 존엄의 상징인 벨벳 망토 대신에 백색 신부 복장을 한 교황, 신자들과 즉석 사진을 촬영하는 셀피셀프 카메라 교황, 부드러움으로 혁명을 이끄는 교황……

이처럼 다양하게 최초라는 말이 따라다니는 교황을 가리켜 영국의 BBC 방송은 이렇게 평가하였다.

"교황의 부드러운 혁명은 계속되고 있다."

아르헨티나 국민의 우상

더구나 아르헨티나 청소년들은 물론, 온 국민이 프란치스코 교황을 우상으로 떠받들고 있다. 아르헨티나에서는 말할 것도 없고 남아메리카 대륙에서도 처음으로 로마 교황청의 최고 책임자가 되어 지구촌 가톨릭 교회를 지도하며 다스린다는 자긍심에 넘쳐 있는 것이다.

| 아르헨티나 지도

　남아메리카 대륙에 길게 뻗쳐 있으면서 태평양과 대서양을 갈라놓고 있는 나라, 은銀 실버이 많다는 라틴어 '아르헨티나'를 나라 이름으로 쓰는 나라, 탱고의 발상지로 유명한 나라지만 가톨릭교가 국교인 나라에서 교황을 배출한 것은 너무나도 당연한 일이라며 국민들이 교황을 높이 받들고 있다.

겸손과 검소의 리더십

성 베드로 광장의 설교

"가난한 사람을 잊지 마세요!"

프란치스코 교황은 성 베드로 광장에 모인 수천 명의 군중을 향해 두 손을 높이 들면서 말하였다.

"신도들이여! 우리 모두 다 함께 기도를 올립시다!"

교황의 말에 모두가 경건한 마음으로 기도를 시작하였다.

"뜻이 하늘에서 이루어진 것과 같이 땅에서도 이루어지이다. 성부와 성자와 성령이 함께하시어 이 땅에 영원한 평화를 ……."

감동적인 즉석 설교

군중 기도가 끝난 뒤 교황은 원고 없이 하느님의 관용을 주제로 짧고도 감동적인 즉석 설교를 했다.

"성 프란치스코는 평화와 가난한 이를 위한 정신을 가르쳐 주셨다. 가난한 사람들을 위한 기도, 가난한 이들을 위하는 교회가 얼마나 좋은가!"

교황은 두 손을 맞잡고 탄식하듯 다시 말을 이었다.

"성 프란치스코는 13세기 수도자였다. 이탈리아 아시시 지방의 부유한 집안에서 태어났지만, 재산을 버리고 평생을 가난한 자와 병든 이를 위해 헌신한 성인이셨다."

프란치스코 교황은 성 프란시스코를 소개한 뒤, 설교의 끝마무리를 이렇게 장식하였다.

"여기 성 베드로 광장에는 수많은 신자와 기자, 그리고 방송 관계자들이 모였다. 이 자리에는 가톨릭 신자가 아니거나 종교가 없는 사람도 많다. 모두의 양심을 존중하며 모든 이에게 마음으로부터 하느님의 축복이 있기를 간절히 빈다."

뉴욕타임스는 교황의 이런 표현은 매우 이례적이며 다른 종교와 현실 세계에 대한 열린 자세를 보여주는 것이라고 보도했다.

성 베드로 광장은 역대 모든 교황들도 그랬듯이 프란치스코 교황에게도 남다른 감흥이 있는 곳이다. 초대 교황 베드로가 순교한 곳이기 때문이다. 베드로 이후 성직자로서 순교한다는 것은 최고의 영예라고 여기는 것이 가톨릭 교회의 전통이기도 하다.

베드로의 비극적 순교

베드로의 순교는 너무나 비극적이었다. 베드로는 사탄의 사자인 마술사 시몬 마그스와 싸웠는데 싸울 때마다 베드로가 승리하였다. 사탄은 화가 났지만, 베드로의 인기는 치솟았다.

이 광장에서 베드로는 폭군 네로 황제에 의해 십자가를 거꾸로 메고 무참하게 죽음을 당했다는 것이다.

네로는 그리스도 교도들이 자신의 독재 정치에 협조하지 않는다고 불만하고 있었다. 그러던 중에 로마에서 원인을 알 수 없는 대형 화재가 일어나 6일 동안 로마 시내가 불타면서 시가지의 3분 1이 잿더미가 되었다. 네로는 이를 교인들의 소행이라고 뒤집어 씌우고 대학살을 단행하였다 이때 베드로도 처형된 것으로 알려졌다.

그런 역사의 광장에서 교황 취임 첫 설교를 한 프란치스코 교황의 설교는 박력이 넘쳐 흘렀다. 그래서 많은 사람에게 감동을 안겨주었고, 현실적이라는 평가를 받으면서 바티칸을 넘어 지구촌의 화제가 되고 있다.

"설교는 진실을 전할 때 생명력이 있다. 설교의 참뜻은 계도하고, 잊어버린 사실을 다시 일깨워 주는 것이다. 성경 말씀을 전하는 것도 중요하지만 사실을 다시 인지시켜 주고 보충해 주며 선으

| 성 베드로 대성전 앞에 있는 베드로 사도상

로 생활하도록 인도하는 것이어야 한다.

사람은 《성경》 말씀을 떠나서는 올바르고 참되게 살아가기 어렵다. 《성경》을 날마다 읽고 《성경》 속에서 생활화하는 습관을 길러야 한다. 그것은 우리가 살아가는 데 꼭 필요한 양식을 비축하는 일이다."

교황의 설교는 이처럼 자상하고도 현실적이다. 고국 아르헨티나 국민이 교황 즉위 기념 미사에 대규모로 참석하려고 한다는 소식을 듣고, 주 바티칸 아르헨티나 대사에게 전화를 걸어 당부하였다.

"동포들이여! 비싼 돈 들여 나를 보러 오지 말고, 그 돈을 가난한 사람을 위해 기부하시라."

성 베드로 광장

● 산 피에트로 광장

우리들이 흔히 말하는 성 베드로 광장의 본 이름은 산 피에트로 광장이다. 로마 바티칸시국에 있는 가톨릭 교회의 총본산인 산 피에트로 대성당 앞의 너른 광장이 바로 성 베드로 광장이다.

그리스도가 전 세계 인류를 향해 팔을 벌리고 있는 모습을 묘사하여 그리스도의 사랑을 상징한다는 이 광장은 약 30만 명이 모일 수 있다. 바티칸의 심장이자 명소로 유명하다.

교황 알렉산데르 7세의 제안으로 1655년에 착공하여 12년간의 대공사 끝에 완공하였다. 거대한 타원형의 콜로네이드로 둘러싸인 광장으로 들어서면 산 피에트로 대성당으로 올라가는 계단이 있다. 장축 위에는 2개의 분수가 있고, 중앙에는 높이 29.5m의 거대한 돌기둥 오벨리스크가 우뚝 서 있다. 이 오벨리스크는 16세기 후반에 도메니코 폰타나가 900명의 석공 장인과 140마리의 말을 동원하여 건설한 것이라고 전한다.

372개의 돌을 쌓아 올리고 꼭대기 지붕에는 142 성인상을 조각하여 놓았다. 오른쪽에는 기기묘묘한 구성으로 착시 현상을 일으키게 하는 스칼라 레지아가 설치되어 교황청 청사로 연결된다.

● 산 피에트로 대성당

로마 바티칸시국에 있는 가톨릭 교회의 총본산으로 유명한 곳이다. 보통 성 베드로 대성당이라고 한다. 콘스탄티누스 대제에 의해 320년경에 성 베드로의 무덤 위에 만들었으나 15세기경에 파손되었다. 그 뒤 1506년에 다시 짓기 시작하였는데, 설계상의 잘못으로 중단되었다가 1546년 미켈란젤로가 맡아 공사를 진행하였다. 미켈란젤로는 완공을 보지 못한 채 죽었다. 그의 뒤를 이어 계속 공사를

진행, 착공 120년 만인 1626년에 완공되어 공사가 끝났다.

　교황이 내리는 강복降福의 발코니를 지나 현관을 통해 성당 안으로 들어서면 각종 조각 작품들이 눈에 들어오는데, 성당 안 오른쪽의 미켈란젤로의 대작 피에타 조각품이 가장 아름답다.

　바티칸의 명물 산 피에트로 대성당은 세계에서 가장 크고 가장 호화로운 돔 성당으로 그 위용을 자랑한다.

청소 관리인에서 교황으로

02

프란치스코 교황은 로마 가톨릭 교회의 제266대 교황이다. 2013년 3월 13일 교황으로 취임하여 현재 지구촌의 가톨릭 교회를 이끌고 있다.

본명은 호르헤 마리오 베르고글리오Jorge Mario Bergoglio이고, 교황명은 프란치스코인데, 라틴어로는 Franciscus PP, 이탈리아어로는 Papa Francesco라고 쓴다.

교황에 처음 선출되었을 때 언론에서는 프란치스코 1세, 프란치스코 교황 1세, 또는 프란시스코 교황 등 여러 가지로 표기하였다. 그러자 바티칸 교황청 대변인은 교황 명칭에 대하여 공식적인 설명을 내놓았다.

"정식 교황명은 프란치스코입니다. 훗날 프란치스코 2세가 나온다면 그때 프란치스코 1세로 호칭하게 될 것입니다."

아르헨티나 수도인 부에노스아이레스에서 태어난 베르고글리오는 예수회에 들어가기 전에 나이트클럽 경비원과 청소 관리인, 화학 실험실의 연구원 등으로 잠시 일한 적이 있다.

그는 성직자가 되기로 결심하고 신학교에 입학하여 신학을 공부하였다. 1969년에 사제 서품을 받아 공식적으로 성직자의 길로 접어들었다. 1973년부터 1979년까지 예수회의 아르헨티나 관구장으로 봉직하였다. 1998년에는 부에노스아이레스 대교구장으로 임명되었고, 4년 만에 2001년에는 추기경에 서임되는 영예를 안았다.

콘클라베 긴급 소집

로마 교황청은 2013년 2월 28일 교황 베네딕토 16세가 스스로 교황직에서 물러나는 사상 초유의 사태를 맞았다. 교황 베네딕토 16세의 사임 이유는 고령으로 말미암아 더는 직무 수행이 어렵다는 것이었다.

그가 사임하자 로마 교황청은 새로운 추기경을 선출하는 긴급 콘클라베를 소집하고 다음 교황을 선출하는 문제를 다루었다. 새로운 교황 선출 문제는 어려움을 겪으면서 다섯 차례의 투표 끝에 베르고글리오 추기경이 과반수의 표를 얻어 교황으로 선출되었다.

성 베드로 대성당 발코니에서 그의 하베무스 파팜 소식을 대중에서 알리는 일은 장 루이 토랑 추기경이 맡았다.

그때 호르헤 마리오 베르고글리오 추기경은 콘클라베에서 다수의 표를 얻으며 차기 교황으로 뽑혔고, 2주일 뒤인 같은 해 3월 13일 교황으로 즉위하였다.

교황에 선출된 뒤 건강 문제에 대해 이렇게 말했다.

"사람은 누구나 세월에 따라 나이를 먹고 늙고 병든다. 인간의 수명은 주님이 주신 것이요, 인간의 건강도 주님이 내리신 것이다. 건강할 때 건강을 더 챙겨야 한다. 마음이 약해지면 건강도 약해진다. 인간은 몸도 마음도 하나다. 그래서 잘 다스리고 보존해야 한다."

이 말은 교황 베네딕토 16세가 스스로 물러난 것을 안타깝게 여기며 한 말로 알려지면서, 전임 교황에 대한 깊은 배려라는 평가를 받았다.

그는 교황으로서의 자신의 본명을 쓰지 않고 아시시의 '성 프란치스코'라는 이름을 따서 '프란치스코 교황'이라고 스스로 붙였다. 프란치스코는 가톨릭 교회 역사상 최초의 남북 아메리카 대륙 출신 교황이면서 최초의 예수회 출신 교황이라는 진기록을 세웠다.

더구나 프란치스코 교황은 시리아 출신의 교황 그레고리오 3세 이후 1282년 만에 처음으로 유럽 지역이 아닌 다른 지역의 사람으로 교황에 선출되어, 로마 교황청을 다스리는 최고의 성직자가 되었다.

프란치스코 교황은 세계 여러 나라 말에 능통하다. 가톨릭의 기본인 라틴어를 비롯하여 영어·이탈리아어·스페인어·프랑스어·독일어·포르투갈어·우크라이나어까지 다양한 외국어를 구사할 줄 안다.

콘클라베 | Conclave

콘클라베는 교황 선출 비밀회의를 말한다. 1179년 교황 선출을 추기경들의 투표 3분의 2 이상 다수결로 원칙을 삼았으나 외부로부터의 개입과 투표 절차의 연장 등 문제가 불거졌다. 그래서 1274년 교황 그레고리오 10세가 유권자인 추기경들을 봉인된 밀폐 구역, 즉 콘클라베에 모아 놓고 투표하되 반수 이상 다수표를 얻은 사람을 교황으로 선출하는 제도로 바꾸었다. 콘클라베에서의 선거는 철저한 비밀투표로 진행된다. 보통 시스티나 대성당이 콘클라베 장소로 이용되는데, 참석자의 3분의 2 표를 얻는 후보자가 나올 때까지 계속한다. 선거가 끝남과 동시에 굴뚝에서 하얀 연기가 피어오른다.

콘클라베는 교황 선거권자인 추기경단의 대명사가 되었다. 새 교황은 전임 교황이 죽거나 자진 사임한 뒤 15일 이내에 추기경들로 구성된 선거인단에서 선출한다.

| 미켈란젤로의 '천지창조'(위)와 '최후의 심판'(아래)

시스티나 대성당

로마 교황청 안에 있는 성당인데, 콘클라베 장소로 유명하다. 흔히 교황 성당, 또는 시스틴 성당으로 불리는 이곳에는 미켈란젤로의 대작 천장화 '천지창조'와 '최후의 심판'이 있다.

바티칸 박물관들 가운데서도 가장 중요한 위치를 차지할 만큼 관광객들이 많이 찾고 즐겨 방문하는 곳인데, 그 이유는 이탈리아를 대표할만한 벽화들과 천장화가 있기 때문이다. 창세기 천지창조에서부터 고대-중세-르네상스로 이어지는 시대적 역사의 흐름을 한눈에 볼 수 있도록 하여 지구촌 사람들의 발길이 끊어지지 않고 있다. 로마를 관광할 때 시스티나 대성당의 천장화와 최후의 심판을 안 보면 관광한 의미가 없다고 할 정도라고 여긴다. 두 작품은 창세기 이야기를 기묘한 화법으로 엮어내 관광객들이 감탄하며 탄성을 쏟아낸다.

천장화 '천지창조' 일화

미켈란젤로가 시스티나 대성당 천장에 불후의 대작 '천지창조'를 그릴 때의 일화는 장인의 정신을 그대로 보여준다. 그는 800제곱미터의 천장에 거미처럼 매달려 4년 5개월 동안 그림을 그렸다. 고독함과 싸우면서 피곤한 몸으로 마지막 혼을 불어넣고 있을 때 작업이 완성되기를 기다리던 교황 율리우스 2세는 천장화를 보고 싶어 초조함을 참을 수가 없었다.

교황은 사람을 보내 "천장화를 미리 보고 싶다!"라고 청했으나 "아직 안 끝났음으로 볼 수 없습니다!"라는 대답이 돌아왔다. 분노한 교황은 현장으로 달려가 천장에 거꾸로 매달려 열심히 마무리 작업을 하는 미켈란젤로의 엉덩이를 지팡이로 사정없이 때렸다. 화가 난 미켈란젤로는 붓을 던져버리고 내려와 숙소로 돌아갔다. 교황은 후회하고 금은보화를 보내면서 사과하고 마무리 작업을 당부하였다는 일화가 전한다.

03 가난한 사람들의 벗

프란치스코 교황은 말했다.

"십자가를 지고 가지 않는다면, 세속적으로 우리는 주교요, 사제요, 추기경이요, 교황일 수 있지만, 주님의 진정한 제자는 될 수 없다. 진정한 권위는 봉사라는 사실을 결코 잊지 말자. 아주 가난하고, 약하고, 중요하게 여겨지지 않는 사람들을 끌어안아야 한다."

교황은 평소의 일상생활 속에서 공적으로나 사적으로나 항상 검소함과 겸손함을 잃지 않고 있다. 사회적으로 힘이 없는 소수의 사람들, 특히 가난한 사람들에 대한 관심과 관용을 촉구하는데 앞장서고 있다. 프란치스코 교황은 어떤 틀에 얽매여서 형식적이고도 전통적인 명예의식을 갖기보다는 낮은 자세로 소박하고 격식에 크게 좌우되지 않는 자유로움을 더 즐긴다.

그런 자세와 모습은 교황청에서도 이어지고 있다. 그 대표적인 경우가 바로 과거에 교황들이 호화롭다는 평가를 받아온 교황청 관사인 궁전에 거주했던 것과는 달리, 프란치스코 교황은 보통 사제라고 하는 성직자들이 생활하는 '성 마르타의 집' 201호를 자신의 거주지로 삼았다는 것이다.

더욱 많은 사람과 만남의 자리를 갖기 위해 자신의 거주지로 교황의 공식 관저인 사도 궁전 대신에 '성 마르타의 집'을 숙소로 선택하였다.

이로써 프란치스코는 교황 비오 10세 이후 처음으로 교황의 관저 밖에서 기거하는 교황이 되었다.

권위와 전통에서 벗어나

교황으로 선출될 당시에도 전통적 격식을 깨트려 화제가 되었다. 일반적으로 교황에 선출된 성직자는 가톨릭 교회의 권위와 전통을 보여주는 붉은색 교황 정복인 모제타를 입는 것이 관례인데, 이에 따르지 않고 소박한 신부복 차림으로 집무하고 설교한다.

교황청이나 성당에서 전례를 집전할 때에도 화려한 장식이 달린 의복을 착용하지 않고 검소하고 소박한 제복을 입는다.

교황의 이미지를 상징하는 순금 반지를 손가락에 끼는 것이 전통적 관례인데 은반지로 바꾸었다. 가슴에 거는 십자가 목걸이도 순금 십자가가 아니라, 추기경 시절에 착용하던 철제 십자가를 그대로 이용하였다.

관저, 의복, 장식 등에서 모두 전통적 관례를 깨고 본인의 취향에 따라 자유분방하게 취하고 있다.

로마 교황청 사람들은 그런 교황을 가리켜 격식을 깨트리는 교황, 서민의 교황, 가난한 자의 참다운 사제라고 말한다.

프란치스코 교황은 늘 이렇게 설교한다.

"가난은 죄가 아니다. 가난을 저주하는 것이 죄다. 주님의 창조는 없는 데서 있는 것을 만드셨지만, 사람의 창조는 있는 데서 있는 것을 만드는 것이다. 겸손과 온유, 그리고 순종을 배워야 한다. 순종은 의무이고 헌신은 책임이다. 순종과 헌신, 이보다 더 완벽한 신앙은 없다."

교황은 "가난은 우리를 우상에서 멀어지게 하고 신으로 향하는 문을 연다."라면서 가난의 복음적 가치를 강조하고 부자들에게 가난한 이웃들을 생각하고 돌아보게 하는 자극을 주었다.

그는 이탈리아의 람페두사 섬의 난민 수용소를 찾아 "불평등에 무감각한 채로 남아 있는 것은 빈부 격차를 키울 뿐"이라며 억

압받는 자 스스로 현실에 맞서 싸울 것을 강조했다.

권고문《복음의 기쁨》에서는 "안온한 성전 안에만 머물며 고립된 교회가 아니라 거리로 뛰쳐나가 멍들고 상처받고 더러워진 교회를 원한다."라면서 교회가 적극적으로 세상과 대화하고 만날 것을 주문했다.

교황은 교리와 인식의 간극을 좁히기 위해 가톨릭 가치를 고수하면서도 상황을 고려한다는 입장을 취하고 있다.

"위대한 원칙은 반드시 장소와 시간, 사람이라는 상황 안에서 구현돼야 한다. 기독교인이 복고주의자, 법률주의자이거나 모든 것이 분명하고 안전하길 원한다면, 아무것도 찾지 못할 것이다."

04 '교회의 아들'로 생활

프란치스코 교황은 교회의 가르침에 관해서 자기 스스로 '교회의 아들'이라고 말하곤 했다. 추기경 시절부터 '교회의 아들'로서 교회의 가르침에 관한 모든 것을 따르고 실천하였다.

보통 성직자들은 '하나님의 아들' 또는 '주님의 아들'이라고 스스로를 높여 부르는 것이 일반적이다. 그런데 프란치스코 교황은 그렇지 않고 '교회의 아들'이라고 말하였다.

"그건 틀린 말이여!"

"암! 교회도 아들을 낳는가?"

사람들이 우스갯소리를 하였다. 그러나 교황은 교회 자체를 주님으로 여긴 것이다. 그러면서도 감히 주님의 아들이라고 표현하지 못하고 '교회의 아들'이라고 낮춰 말했다.

이런 그의 말은 정말 '교회의 아들'로서 살아가는 바탕이 되었다. 힘없는 사람들, 가난한 사람들의 벗이 되어 주는데 앞장섰다.

동성애와 같은 잘못된 사회 관행에 대해 강력하게 반대하는 가톨릭 교회의 가르침을 철저하게 따르고 지키는데 온몸을 바치고 있다. 그만큼 철저하게 신앙에 몰두하고 있다. 그처럼 신앙에 깊숙이 빠져든 것이다.

특히 미혼모 자녀의 세례를 거부하는 사제들에게는 따끔하게 훈계하며 잘못을 일깨워 주었다.

"사람들과 구원의 길 사이를 갈라놓는 위선자들이 되어서는 안 된다. 예수님을 따르기는 하지만, 교회는 거부한다고 말하는 것은 앞뒤가 맞지 않는 어리석은 말이다."

이탈리아를 떠난 이민자의 아들

세계에서 가장 영향력 있는 리더로 추앙받는 프란치스코 교황은 이탈리아에서 아르헨티나로 이민한 가정의 5남매 중 장남이다.

아버지는 아르헨티나로 이민 가기 전에 이탈리아에서 철도 노동자로 일하였다. 그의 아버지는 마리오 호세 베르고글리오이고, 어머니는 레지나 마리아 시보리다. 아버지 마리오는 아스티 현 포르타코마로 출신이고, 어머니 레지나는 북이탈리아 태생이지만 고향은 부에노스아이레스이다.

교황의 여동생 마리아 엘레나는 이민 가정이 된 까닭을 이렇게 밝힌 적이 있다.

"아버지는 아르헨티나로 이주한 까닭에 대해 말씀하셨어요. 그때 이탈리아에는 파시즘이 나타나 극성을 부렸는데, 그 영향력이 너무 엄청났기 때문에 고국을 떠날 수밖에 없었대요."

교황의 형제자매들 가운데 현재 살아 있는 사람은 마리아 엘레나 여동생뿐이다. 모두가 세상을 떠났다. 11세 아래인 여동생 마리아 엘레나는 66세 때인 2013년 오빠의 교황 취임식에 가고 싶어 했다. 그러나 오빠는 여동생을 가족 대표로 초대하지 않고, 전화를 걸어 로마에 오지 말라고 말렸다.

로마까지 오려면 꽤 비싼 여행 경비가 필요한데, 그 돈을 가난한 사람들에게 주라는 뜻이었다.

교황의 설교는 짧고도 이해하기 쉬운 간결한 말씀으로 계속 이어졌다. 그래서 많은 사람이 더 진한 감동을 받는다.

"기도하면 사람도 움직이고 하늘도 움직인다! 예배와 기도하는 삶은 구원을 받고 복을 받는다. 성당을 떠나지 마라. 성당은 신앙의 공동체이다. 성당을 떠나 제멋대로 살면 화가 미친다. 성당

은 생명의 끈이다. 주님의 음성을 듣고 말씀을 듣는 곳이다.

대부분의 사람들은 복을 받고 성공하면 변한다. 그건 영원한 삶을 스스로 포기하는 것이다. 사람은 기도하면서 성령을 믿어야 한다. 인간과 주님의 세계는 하늘과 땅 차이와 같다.

사람은 성당 안에서 생활하면서 세상을 이겨야 한다. 그 방법 은 거짓말하지 말고 기도하는 것이고, 그 길은 진실한 언행을 하 는 것이다.

요셉은 열심히 기도하고 주님의 말씀에 따랐다. 요셉은 주님이 복을 줄 때도 겸손하고 교만하지 않았다."

파시즘 Fascism

　제1차 세계대전 직후인 1920년 초부터 제2차 세계대전이 끝난 1945년까지 무솔리니를 중심으로 일어난 독재주의를 말한다.

　정치적으로는 강력한 독재주의를, 경제적으로는 노사협조주의를, 대외적으로는 민족주의와 조국 우선주의를 강조하면서 독재를 고집하였다.

　이런 흐름은 이탈리아를 비롯하여 독일·일본·스페인·헝가리·포르투갈 등 세계 여러 지역으로 전파되었다. 그중에서도 이탈리아·독일·일본 세 나라가 파시즘 국가의 전형으로 꼽혔다.

　특히 제1차 세계대전 이후 이탈리아의 무솔리니와 독일 히틀러의 강력한 독재주의, 그리고 일본의 무차별 침략 정책의 피해가 엄청났다.

05 축구를 좋아한 소년

교황은 고국 아르헨티나
에서 어린 시절부터 자기 스
스로에게 철저하면서도 야
무지게 다듬어 온 사람으로
널리 알려졌다. 아르헨티나
부에노스아이레스의 바리
오 구역 가운데 하나인 플로
레스에서 태어난 호르헤 마
리오 베르고글리오는 또래
어린이들과 함께 소꿉장난
을 즐기며 자랐다. 부에노스

부에노스아이레스의 축구팀 산 로렌소의 열성
팬인 프란치스코 교황이 추기경 시절 산 로렌
소의 휘장을 들어 올리고 있는 모습

아이레스의 라모스메히아에 있는 살레시오 학교에 입학하여 공부할 때도 그저 평범한 어린이였지만, 유별나게 자신을 챙기면서 축구를 즐겼다.

"프란치스코 교황은 참 평범한 보통 사람이었다."

"축구라면 자다가도 벌떡 일어났지."

"교황이 된 지금도 축구를 좋아할까?"

"아마도 그럴 거야."

옛날 어릴 적의 친구들은 베르고글리오가 교황이 된 뒤에 그를 회고하였다.

지극한 효자

소년 시절에는 몸이 불편한 어머니를 대신해 반찬거리를 마련하고 요리를 하였으며, 공장에서 청소 일을 했다. 어린 시절의 습관이 몸에 밴 베르고글리오는 추기경이 되어서도 혼자 시장에 가서 물건을 사고 요리를 해서 먹었다. 초등학교 6학년을 마치고 기술교육을 중점적으로 가르치는 중학교로 진학하여 공부한 뒤, 졸업과 동시에 화학기술 자격증을 따냈다.

어린 시절부터 축구 클럽 CA 산 로렌소의 열렬한 팬이었던 베르고글리오는 축구에 대한 열정이 무척 대단하였다. 그런 축구 열

| 아르헨티나의 공격수 리오넬 메시와 이탈리아의 골키퍼 잔루이지 부폰이 '교황 헌정 친선경기' 전 교황청에서 교황 프란치스코를 알현하고 있다.

정은 어른이 되고 추기경이 된 뒤에도 뜨겁게 계속 타올랐다. 그리고 2008년에는 CA 산 로렌소 축구 클럽의 정식 회원으로 등록되었다.

교황청에서도 축구를 좋아하는 프란치스코 교황을 위한 A매치를 마련한 일이 있다. 2013년 8월 14일에 교황을 위해 로마에서 프란치스코 교황의 조국인 아르헨티나와 가톨릭의 종주국인 이탈리아의 평가전을 주선한 것이다.

이때 두 나라 축구협회에서는 미리 합의를 통해 이 경기를 프란치스코 교황을 포함하여 바티칸시국 교황청에 소속된 모든 성직자와 직원들이 직접 축구 경기를 관전하도록 특별 배려를 하였다.

그런데 경기 당일 문제가 생겼다. 두 팀의 주포인 리오넬 메시와 마리오 발로텔리 둘 다 부상으로 경기를 할 수 없어 결장하는 이변이 생긴 것이다. 주전 선수가 빠지는 바람에 박진감 넘치는 경기를 보여 주지 못했다.

축구 경기는 아르헨티나의 2-1 승리로 끝났다. 전반전에 일찌감치 이과인이 선제골을 넣은 뒤 후반에 바네가가 추가골을 넣었다.

홈그라운드인 이탈리아는 2골을 먹은 후에 인시녜가 만회 골을 넣어 간신히 0패를 면한 것으로 만족해야 했다.

다양한 취미

프란치스코 교황은 특별한 취미는 별로 없지만 그 활동이 무척 다양하였다. 스포츠와 영화 등에도 관심이 많았다. 특히 새로운 흐름의 신사실주의와 탱고 춤에 관한 영화로 유명한 티타 메레요의 영화들을 무척 즐겨 보았다. 이 영화들은 아르헨티나에서 우루과이의 전통 음악으로 널리 알려진 밀롱가에 대한 각별한 애정이 담겨 있어서 많은 사람이 좋아했고 교황도 좋아한 것이다.

하지만 그에게는 건강 문제가 고민이었다. 건강 문제는 베르고글리오가 젊은 시절에 겪은 일로 다가온 것이다.

21세 혈기 왕성한 시절 그는 폐렴에 걸려 큰 고생을 하였다. 그때 세 개의 낭종을 앓았다. 이 때문에 결국 폐렴 합병증으로 한쪽 폐를 잘라내는 큰 수술을 받았다. 그 덕분에 겨우 목숨을 건질 수가 있었지만 50년 넘게 한쪽 폐로 살고 있다. 이러한 이유 때문에 그는 미사 중에 그레고리오 성가를 부르거나 운율에 맞추어 기도를 바치는 것이 무척 힘들어 부담이 되었다고 고백하였다.

교황이 되기 전에, 예수회원과 사제로 폭넓은 활동을 폈다. 부에노스아이레스 대교구에 소속된 원죄 없으신 잉태 신학교에 들어가 신학을 공부하기 시작한 베르고글리오는 3년 동안의 수업과정을 마치고 1958년 3월 11일 예수회에 입회하여 수련기를 또 거치면서 성직자의 자질을 닦았다.

봉사와 헌신의 리더십

01 말 못할 고민

　베르고글리오는 어린 시절 무척 순박한 소년이었다. 사제가 되겠다는 생각을 하고 그 길로 들어선 동기는 다분히 동화적이고도 조금 특이하다.

　교황이 된 뒤에 영원히 묻혀 버릴지도 몰랐던 비밀 같은 사연을 평범한 할머니가 공개하면서 많은 사람의 웃음을 자아냈다.

　"먼 옛날 내가 열두 살 소녀였을 때 그는 나에게 러브레터를 건넸죠. '영원한 사랑의 맹세를 받아주지 않으면 신부가 되겠다.'라면서 말이죠. 그때 나는 웃으면서 '애들이 무슨 연애를 하나?' 하면서 거절하였어요. 그래서 그가 성직의 길로 들어섰는지 몰라요. 하지만 그는 굳게 마음먹고 성직자의 길을 걸었나 봐요. 그리고 마침내 큰 뜻을 이루었네요. 교황! 축하하고 사랑해요!"

어린 시절 풋내기 사랑을 거절한 뒤 할머니가 된 아말리아 노인은 60여 년이 흘러간 2013년 그가 교황이 되었다는 뉴스를 들었다. 그리고 이제까지 누구에게 말한 적도 없는 사연, 전혀 알려지지 않은 비밀을 털어놓았다. 어린 시절의 교황 러브레터 사연을 처음으로 밝힌 것이다. 손자 손녀를 둔 아말리아 할머니는 베르고글리오가 로마에서 교황으로 즉위하는 날, 아르헨티나의 한 성당에서 교황의 앞날에 영광이 있기를 조용히 기원하였다.

그러자 이번에는 교황이 젊은 신학생 시절, 우연한 일로 한때 깊은 고민에 빠졌던 일을 털어놓았다. 그 고민은 삼촌의 결혼식에 참석했다가 우연히 매혹적인 한 여인을 만나면서 생긴 것이다. 교황은 뒷날 그때의 심정을 이렇게 고백하였다.

"삼촌 결혼식장에서 매혹적인 한 여인을 소개받았다. 나는 그 여인의 아름다움에 현혹되어 나도 모르게 빠져들었다. 그로부터 일주일 동안 내 머릿속에 계속 남아 괴로웠다. 여인에 대한 생각이 떠나지가 않았다. 그 여인에 대한 생각으로 기도에 집중할 수가 도저히 없었다. 아! 참으로 아름다운 여성이다! 성직자와 결혼? 내가 예수회원으로 계속 가야 하나? 성직자로 남을 것인가? 하는 문제에 대해 진지하게 고민하였다."

너무나 진솔한 고백을 한 것이다.

불타는 학구열

젊은 베르고글리오는 그 여인을 머릿속에서 지워버리고 성직자의 길을 줄기차게 걸어왔다. 그리고 가톨릭을 이끄는 최고의 자리인 교황에 올랐다.

예수회 수련생 시절, 칠레의 산티아고로 가서 인문학을 공부하였다. 그의 학구열은 점점 뜨겁게 달아올랐다. 드디어 1960년 부에노스아이레스 주 산미겔 산호세 대학원에서 철학박사 과정을 공부하고 철학박사 학위를 받았다. 3년간의 수련기를 마치고 1960년 3월 처음으로 정식 서원을 하여 종신 예수회원이 되었다. 1964년에 원죄 없으신 잉태 대학원에서 철학을 가르쳤고, 1966년부터는 살바도르 대학원에서도 철학을 가르쳤다.

02 남다른 신앙심

    베르고글리오는 다시 신학교 과정을 마치고 1969년 12월 13일 라몬 호세 카스텔라노 대주교로부터 사제 서품을 받았다. 하지만 사제가 된 뒤에도 학문의 불길을 식지 않았다. 산미겔 신학교 대학원에서 철학과 신학을 계속 공부하였다. 드디어 예수회 입회자들을 관리 감독하는 수련장과 신학 교수가 되었다.

    베르고글리오는 스페인 알칼라데에나레스에서 마지막 수련 과정인 제3 수련기를 마친 뒤, 아르헨티나로 돌아온 그는 1973년 7월 예수회 아르헨티나 관구의 관구장이 되어 1979년까지 역임하였다.

    관구장 임기를 마친 후에는 산미겔 철학·신학대학원에서 교수로 학생들을 가르쳤다. 베르고글리오 신부는 독일 프랑크푸르트

| 독일 아우구스부르크의 베드로 성당에 있는 '매듭을 푸는 성모 마리아' 성화

로 유학하여 성 제오르지오 철학 · 신학대학원에서 박사 학위 과정을 공부하였다.

그때 독일 아우크스부르크에서 매듭을 푸는 마리아 성화를 보고 깊은 감명을 받은 베르고글리오 신부는 성화의 복제품을 구입하였다.

유학을 마치고 다시 아르헨티나로 돌아와 코르도바에 있는 예수회 공동체의 고해 사제와 영성 지도자로 임명을 받았다.

그 이후로도 그는 매듭을 푸는 마리아에 대한 깊은 성모 신앙심을 굳게 간직하였다. 2005년 베르고글리오는 교황 베네딕토 16세를 알현한 자리에서 매듭을 푸는 마리아를 새긴 성작을 선물하기도 하였다.

실천력이 강한 신부

주교가 된 뒤에 자신의 사목 표어로 '자비로이 부르시니'를 선택하였다. 이는 성 마태오 사도가 그리스도의 제자로 부름을 받는 마태오 복음서 9장 9~13절을 설명하는 성 베다의 강론 중에 "예수님께서 세리 한 사람을 보신 뒤, 사랑의 감정으로 그를 주목하셨기에, 선택하시며 나를 따르라고 말씀하셨다."에서 나온 말이다.

부에노스아이레스 대교구장이 된 뒤에는 새로운 본당들을 세우고, 대교구의 행정조직을 재편하였으며, 아르헨티나에서 사회문제가 되고 있는 낙태 반대운동을 지휘하였다. 그리고 별거 중인 부부들을 화해시키는 일을 담당하는 위원회를 신설하였다.

부에노스아이레스 대교구장으로서 그가 추진한 주요 정책 중의 하나는 부에노스아이레스 시내의 빈민촌을 품어 안는 일이었다. 이를 위해 그는 강력한 지도력을 발휘하여 빈민가에 주둔하는 사제의 수를 배로 늘렸다. 여기에는 많은 돈이 필요했다. 그래서 여러 은행에 분산되어 있던 대교구의 지분들을 전량 매각하였으며, 그 예금계좌들을 국제 은행의 일반 고객 명의로 전환하였다.

부에노스아이레스 대교구장 시절, 아르헨티나의 동방 가톨릭교회를 방문하여 그들 고유의 전례에 참석하였다. 그때 동방 가톨릭 교회의 전례와 영성에 대한 이해가 높아졌고, 동방 가톨릭 신자들을 위해 신경을 많이 쓰면서 가톨릭의 복음을 더 널리 전파하는데도 정성을 기울였다.

2000년에 베르고글리오는 전직 주교였던 헤로니모 포데스타와의 오래 묵은 앙금을 풀고 화해한 유일한 교회 관계자가 되었다. 헤로니모 포데스타는 1972년 아르헨티나 군사독재 정부에 반대하다가 성직자 집무 집행을 정지당하고 말았다.

충격에 빠졌던 그는 성직자의 길을 포기하고 나중에 결혼하고 속세로 돌아갔다. 포데스타가 결혼한다는 소식에 크게 분노한 바티칸이 공격의 비난을 쏟아냈다. 이때 베르고글리오는 포데스타의 아내를 감싸주었다.

"지나친 인신공격은 상처만 남겨 줄 것이다! 그가 처한 현재의 입장을 이해하는 것이 그를 도와주는 일이다!"

더구나 아르헨티아 가톨릭 교회가 일명 '더러운 전쟁'으로 여겼던 1970년대 아르헨티나 군사독재 시절에 자행되었던 죄에 대해 공개적으로 참회할 필요가 있다고 주장하였다.

그러자 "과거의 군사독재 정권을 옹호하는가?"라는 화살이 돌아왔다. 이로 말미암아 한동안 커다란 파문을 일으켰고 시달림을 받았다.

불멸의 믿음

"참다운 신앙심이란 과연 무엇인가?"

신앙심이 남다르게 강하다고 스스로 생각해 온 프란치스코 교황은 초임 성직자 시절에 신앙이라는 문제를 생각하면서 깊은 고뇌에 잠겼던 일을 회상하여 보았다. 그때 나름대로 정리했던 신앙이라는 문제를 다시 떠올렸다.

"신앙은 불멸의 믿음이다. 신앙은 항상 겸손하고 진실한 데서 그 의미를 찾아야 한다. 그 누구도 강요하거나 명령할 수 없고 왜곡 폄하할 수도 없다. 신앙은 교리를 실천하는 생활이며 생활과 일치하지 않는 신앙은 생명력이 없다. 참된 신앙은 진실한 믿음에서 자라고 굳어진다. 인간은 신을 믿음으로서 구원받고 행복해질 수 있다고 생각한다. 그러나 믿는 마음에 달려 있다. 그래서 신앙 생활을 계속하는 것이다. 신앙은 인생의 구원이며 힘이다. 신앙은 마음과 정신의 평화를 얻자는 것이다."

03 3무無 정신에 앞장

베르고글리오는 2001년 2월 21일 추기경 회의에서 교황 요한 바오로 2세에 의해 산 로베르토 벨라르미노 성당의 사제급 추기경에 서임되었다. 추기경으로 서임되면서 세 가지 특전이 있었는데, 이를 사양하였다. 세 가지의 특전은 추기경 관저를 제공하고, 전담 요리사를 배치하며, 전용차를 준다는 것이다.

추기경이 된 베르고글리오는 세 가지 특전 중에 먼저 올리보스에 있는 화려한 주교 관저를 사양하고 작은 아파트로 들어갔다. 그리고 전담 요리사 없이 요리를 직접 했으며, 전용차를 이용하지 않고 대중교통을 이용하였다.

이를 가리켜 3무無 정신을 실천한 추기경으로 떠올랐다. 3무無는 추기경 관저, 전담 요리사, 전용차를 사양하였다는 말이다. 보통 사람들은 직위가 올라가면 그에 따르는 특전을 챙긴다. 지금까지 노력해온 결과에 대한 보상이라 마땅히 받아들여야 한다고 여긴다. 그러나 베르고글리오의 생각은 달랐다.

명예를 존중하는 교황

"명예는 길이 남지만, 욕망은 사망을 가져온다."

교황은 세상 성인들께서 질투심은 인생살이가 잘못되어 쓸데없는 욕심을 부리고 부정과 부패를 일으키는 데서 비롯된다는 격언을 소개하였다.

"성령을 바로 모시면 마음이 편안해 지고 고운 생명이 싹트지만, 분수에 맞지 않은 욕심을 부리면 상한 음식을 먹는 것과 같아서 마음과 정신이 혼탁해지고 병마가 스며들어 행복이 사라진다."

사람은 언제나 바른 생각, 좋은 생각, 좋은 말을 하여야 하고, 마음을 늘 바르게 가져야 한다는 것을 강조하였다. 이처럼 검소한 생활 방식은 그의 명성을 드높이는데 크게 기여하였다.

그가 추기경으로 관리한 성당은 예수회에서 관리하고 있는 성당이다. 추기경에 서임된 베르고글리오는 교황청의 산하 기구들인 경신성사성과 성직자성, 수도회성, 교황청 가정평의회, 교황청 라틴아메리카위원회의 위원으로도 위촉되어 폭넓은 활동에 참여하였다.

2005년 11월 8일 베르고글리오 추기경은 아르헨티나 가톨릭 주교회의 의장에 선출되어 2005년부터 2008년까지 3년간 의장직을 수행하였다. 발로 뛰어다니고 몸으로 실천한 그는 3년 임기를 마친 뒤 재선임을 받았다. 베르고글리오 추기경은 겸손한 성격과 보수적인 인품, 그리고 명석한 교리 해석, 사회 정의에 대한 투철한 신념으로 널리 알려지면서 가톨릭 교회 행정 전반에 걸쳐 유능한 지도력을 갖춘 추기경으로 떠올랐다.

새로운 시대를 열어가자

한 시대가 지나가면 다시 새로운 시대가 열린다. 지나간 시대를 거울삼아 새로운 시대를 희망차게 열어가는 것이 인간의 본능이다. 1년 열두 달이 모두 똑같이 쾌청하며 좋은 날만 이어지는 것은 아니다. 이런 변화가 없다면 봄 여름 가을 겨울 춘하추동이 없고 춘하추동이 없으면 지구의 변화도 없게 된다. 흐리고 갠 날, 비가 오거나 눈이 내리고, 바람이 불거나 파도가 일어나는 날도 있다. 그런 속에서 더불어 사는 것이 사람들이다.

내가 3무를 실천한다고 사람들은 말한다. 그러나 나는 3무 정신을 성직자는 물론 관리나 기업인들도 반드시 지켜야 할 덕목이라고 생각한다. 3무를 사양하는 마음은 미덕이라고 생각한다. 특히 현대 국가에서는 세 가지 기본 요소가 있다. 국민, 국토, 그리고 국가와 국민을 다스리는 대통령또는 수상이 있어야 한다. 이 세 가지 요소가 바로 설 때 국가와 민족은 발전한다.

물이 썩으면 모든 생명이 죽는다. 그와 마찬가지로 종교가 타락하면 인류가 오염되고 세상이 어지러워진다.

그러므로 모든 성직자, 그리고 모든 신도는 최소한 세 가지 욕심을 버려야 한다.

첫째 탐욕 하는 마음, 둘째 분노 하는 마음, 셋째 어리석은 마음, 이 세 가지는 누구에게나 해로운 것이다.

물이 맑으면 자연이 살아 있고, 물이 혼탁하면 세상이 죽는다. 물은 사람의 생명을 유지시켜 주는 절대적 요소이다. 그래서 물은 생명체인 몸의 주인공이다. 그리고 정신의 주인공은 신앙이다. 베르고글리오 추기경은 이런 마음과 생각으로 교리를 전파한다.

성 목요일에 세족 예식을 주로 노인들과 가난한 사람들을 대상으로 하는 한편 교도소와 병원 방문 등에도 열성을 보였다. 하루는 갓 태어난 아이들과 임산부들의 발을 씻겨 주기도 하여 화제를 불러일으켰다.

| 프란치스코 교황이 성 목요일 세족식에서 노인과 장애인
의 발을 씻겨주고 입을 맞추고 있다.

| 프란치스코 교황이 교황 최초로 여성과 무슬림 신자에게
세족식을 거행하여 화제가 되었다.

더구나 로마 교황청의 《자의 교서 敎書》에 따른 조치를 취한 최초의 주교들 가운데 한 사람이 되는 영예도 안았다.

이는 2007년 교황 베네딕토 16세가 제2차 바티칸 공의회 이전 전례 거행에 대한 새로운 규칙을 담아 《교황들》이라는 《자의 교서》를 반포하고 이틀 후에 베르고글리오 추기경으로 하여금 부에노스아이레스에 전통 라틴 미사를 사제들이 자유롭게 거행할 수 있도록 허용해 준 것이다. 그리하여 현재 부에노스아이레스 대교구에서는 전통 라틴 미사가 매주마다 거행되고 있다.

04 추기경 시절의 이미지

베르고글리오는 추기경 시절의 이미지가 서민적이면서도 고집
센 사람으로 각인되었다. 먼저 서민적인 사례의 하나이다. 아르
헨티나의 한 시내버스에 탑승하였을 때 이야기다.

"영국 배우 조나단 프라이스와 똑같다!"

"추기경님! 여기 사인해 주세요!"

시내버스 승객들이 저마다 한마디씩 하는 바람에 달리는 버스
안이 갑자기 시끄러워졌다. 이런 현상은 베르고글리오 추기경이
등장하는 외국에서도 예외 없이 마찬가지였다.

추기경 시절부터 교황이 된 뒤에도 그의 이미지는 서민적이고,
성품이 매우 겸손하고 온화한 편이라는 말을 자주 들었다. 추기
경 시절 화려한 관저가 아니라 작은 아파트에 거주하였으며, 교황

| 추기경 시절 프란치스코 교황(왼쪽에서 두 번째)이 아르헨티나 부에노스아이레스에서
  시민들과 함께 지하철을 타고 이동하고 있는 모습

이 된 뒤 바티칸에서 대주는 비행기값을 빈민들에게 모두 나누어
주었을 정도였다. 그뿐만이 아니다. 운전기사를 따로 두지도 않
았다. 이동할 때는 거의 항상 간편한 신부복 차림으로 대중교통을
이용했으며, 식사는 직접 시장에 가서 재료를 사다가 손수 요리해
서 먹었다.

특히 프란치스코 교황은 교황에 선출된 뒤 소감을 묻는 질문에
너무나 뜻밖의 말로 대답하여 폭소가 터졌다.

"저처럼 모자란 촌놈을 교황으로 뽑아준 분들을 주님께서 너그
럽게 용서해 주시기를 바랍니다."

"하하하! 너무 솔직하다."

"호호호! 잘 익은 햄버거 같네요!"

교황의 대답에 모두가 온통 폭소를 터뜨리면서 기쁨과 희열 속으로 빠져들고 말았다. 베르고글리오는 추기경의 이미지가 고집 센 사람으로 각인된 사례는 가톨릭 교리나 문화적으로는 보수적 성향을 보이지만, 가톨릭 교회 전반적 기준으로 본다면 그렇게 보수성이 강한 이미지는 아니라는 평가를 받는 점이다. 이는 해방신학에 부정적이라는 등 지나치게 개별 이슈를 앞세워 보수성이 강하다고 몰아붙이려는 측면도 크다.

또한, 사회·경제적인 면에서는 진보적 성향을 보이기도 한다. 교황은 해방신학자는 아니지만, IMF에 반대하며, 신자유주의에도 반대한다고 하여 상당히 진보적이라는 지적을 받은 일이 있다.

하지만 2008년 세계 금융위기 직후에는 신자유주의를 비판하여 아르헨티나의 빈민들에게 큰 지지와 호응을 얻었다. 외국의 반응들도 전반적으로 신학적으로는 보수적이지만, 지도자로서는 대중적인 교황이라고 평가하고 있다.

그러나 외신마다 교황에 대한 이미지 평가가 갈린다. 이는 미국과 유럽인들이 생각하는 진보의 기준과 라틴아메리카에서 생각하는 진보의 기준이 사뭇 다르기 때문에 벌어지는 현상이다.

교황 이미지에 관한 평가의 꼬리표를 어떻게 붙이든 간에, 사회적 약자에 대해서는 매우 적극적이고 또 온정적이며 공동체의 가치와 평화를 중요하게 여기는 성향인 것만은 아무도 부정하거나 낮게 평가할 수 없는 대목이다.

얼마 전에 펴낸 교황 권고에서는 자본가들이 받는 천문학적인 연봉을 신랄하게 비난하였다. 그러면서 규제 없는 자본주의를 새로운 독재로 규정하고, 가난을 만드는 사회 구조에 대해서도 강도 높게 비판하였다.

05 아동 인권보호에 적극

　프란치스코 교황은 바티칸시국 형법을 과감하게 개정했다. 2013년 7월 11일 교황청 바티칸시국위원회는 프란치스코 교황이 바티칸시국의 형법 개정을 승인하는 서명을 했다고 밝혔다.

　새로 개정된 형법에는 UN 아동권리선언에 따라 아동 인신매매, 아동 성매매, 청소년 성범죄, 아동 포르노물 소지 등에 관한 형사처분 기준을 강화한 점이 돋보이는 조항이다.

　1959년 11월 국제연합UN 총회에서 채택된 아동권리선언은 그 전문에서 이렇게 강조한 바 있다.

　"아동은 신체적으로나 정신적으로나 미숙한 상태에 있으므로 그 출생을 전후하여 적절한 법률상의 보호를 포함하여 특별한 보호로써 돌보아 줌이 필요하다. 인류는 아동에 대해 최선의 것을 제공해 줄 의무를 갖고 있다."

이를 실현하기 위해 아동의 기본적 인권, 무차별 평등, 기회 균등, 사회 보장, 학대 방지, 착취로부터 보호, 위난에서의 우선 구조, 고아 및 기아의 수용 구호, 혹사 금지 등을 기본 골격으로 정해 놓았다.

그동안 바티칸시국은 아동 관련 범죄 조항을 따로 두어 다루지 않고, 일반 범죄에 적용되는 법으로 아동 범죄를 다루어 왔다. 그런 관계로 아동들의 인권보호 등에 많은 문제점을 보였다.

또한, 국제적으로 문제가 되고 있는 금융 테러와 돈세탁 방지를 위해 돈세탁 감시 기구인 유럽의회 머니발위원회 요구에 따라 금융거래 기준을 강화하고 투명성을 높였다.

교황청 문서를 몰래 반출하거나 보안을 위반하는 경우에도 엄중 처벌하는 조항을 만들었다.

이와 함께 종신형 제도가 비인간적이고 효과가 없다는 지적에 따라 종신형을 폐지하는 대신에 최고 형량을 35년으로 정했다. 형법 적용 대상은 교황청에 종사하는 모든 직원들과 성직자를 포함하며, 외국에서 파견한 외교관에게도 해당된다. 프란치스코 교황은 형법 개정과 관련하여 이렇게 강조하였다.

"오늘날 국가를 초월하는 국제적 테러와 아동권리 침해, 시장

경제의 부적절한 사용으로 인류 공동의 선함이 심각한 위협에 처해 있다. 바티칸은 국제사회의 일원으로서 범죄를 예방하고 범죄에 관해 국제법과 협력하는 것이 필요하다."

교황은 성찬 기도를 개정하고 교황 문서를 반포하였으며, 몬시뇰 자격 조건을 제한하는 등 여러 가지 조치를 단행하였다.

성찬 기도 개정

2013년 6월 프란치스코 교황은 경신성사성 교령《아버지의 돌보심》을 통해 로마 미사 경본 제3판에 나와 있는 성찬 기도 제2 양식과 제3 양식, 제4 양식에 성모 마리아 다음 순서에 성 요셉의 이름을 추가하기로 결정하였다.

이미 교황 요한 23세에 의해 로마 미사 경문 성찬 기도 제1 양식에 성 요셉의 이름이 추가하였는데, 프란치스코 교황은 나머지 성찬 기도에도 모두 성 요셉의 이름을 추가하도록 한 것이다.

프란치스코 교황은 2013년 6월 교황 회칙《신앙의 빛》을 반포하고, 11월 24일에는 교황 권고《복음의 기쁨》을 반포하였다.

성찬聖餐은 예수의 최후를 기념하는 의식으로 성찬식이라고 한다. 성찬식에서는 예수의 살을 상징하는 빵과 그의 피를 상징하는 포도주를 나누는 의식을 거행한다.

몬시뇰 자격 조건 제한

프란치스코 교황은 2014년 1월 교구 사제의 몬시뇰 임명을 제한하기로 결정하였다. 이에 따라 전 세계 각 교구장 주교들은 65세 이상의 사제에 대해서만 교황에게 몬시뇰 임명을 추천할 수 있게 되었다.

다만, 교황청이나 각국 주재 교황 대사관 등 특정 기구 소속 사제에 대해서는 나이 제한을 적용하지 않고, 이미 몬시뇰로 임명된 65세 미만 사제도 칭호를 그대로 유지하도록 했다.

몬시뇰은 교구를 갖지 않는 교황청의 고위 성직자와 주교 품을 받지 않았으나 덕망이 높아 교황으로부터 특별히 칭호를 받은 성직자들을 일컫는 존칭이다.

04

활기 넘치는 리더십

01 교황의 문장과 방패

　'프란치스코 교황'이라는 이름을 붙인 것에 대해 일부 추기경들이 우스갯소리의 말을 하였다.

　"21세기 교황으로서는 어울리지 않는 이름 같아요."

　"교회의 개혁자였던 교황 하드리아노 6세의 이름을 따서 하드리아노 7세라고 이름 붙이면 어떤가?"

　"예수회를 탄압한 교황 클레멘스 14세에게 복수한다는 의미에서 클레멘스 15세라고 해도 좋을 것 같은데……."

　여러 가지 이름을 거론하였다. 그러자 교황은 이 말에 역시 미소로 화답하였다.

　"프란치스코는 내가 존경하는 위대한 성인 가운데 한 분이시다. 그 호칭을 사용하는 것만으로도 나는 무한한 긍지를 느낀다."

프란치스코 교황 문장도 추기경 시절과 거의 변함없다. 다만, 교황이 된 후의 문장이 추기경 시절의 문장과 달라진 점은, 방패 위에 챙 넓은 붉은색 추기경 모자 대신에 교황의 세 가지 직무를 더 얹었다는 것이다.

교황의 세 가지 직무는 통치권, 성품권, 교도권인데, 이를 상징하는 금색 줄무늬를 새긴 흰색 주교관과 붉은 줄로 연결된 금과 은 두 개의 열쇠가 있다는 것이다. 교황의 품위를 드러내는 이러한 상징물은 전임 교황 베네딕토 16세의 문장과 같다.

적의 공격으로부터 스스로를 방어한다는 방패는 수호의 의미를 상징한다. 그러나 교황의 문장은 인류의 평화와 주님의 말씀을 전하는 사도의 의미를 담고 있다.

| 교황 요한 23세 문장 | 교황 요한 바오로 2세 문장 | 교황 베네딕토 16세 문장

| 추기경 시절의 교황 문장

| 교황 프란치스코 문장

프란치스코 교황의 문장은 밝은 푸른색 바탕에 중앙 위에 IHS가 새겨진 불타는 태양이 있다.

IHS는 교황이 속해 있던 예수회의 로고로서 '인류의 구세주 예수'라는 뜻의 라틴어 'Iesus Hominum Salvator'의 머리글자이다.

IHS 아래 3개의 '못'은 그리스도를 십자가에 처형할 때 박은 못을 상징한다.

문장 왼쪽 아래에는 그리스도와 교회의 어머니인 성모 마리아를 나타내는 별이 있고, 오른쪽 아래에는 교회의 보편적 수호자인 성 요셉을 나타내는 나르드 꽃이 장식되어 있다.

프란치스코 교황의 문장 밑에는 주교 시절의 사목 표어인 '자비로이 부르시니Miserando Atque Eligendo'를 새긴 리본을 달아 놓았다.

성모 마리아의 도안을 문장이나 방패에 쓰기 시작한 것은 프랑스의 국왕인 루이 7세재위 1137~1138년 때가 처음으로 알려졌다. 푸른 바탕에 백합을 도안하였는데 처음에는 불규칙하였으나 샤를 5세재위 1364~1380년 때에 이르러 도안이 균형을 이루었다.

역대 교황들은 여러 세기 동안을 내려오면서 공통적으로 믿음과 희망과 사랑에 바탕을 둔 교회의 이상이 전적으로 열려 있음을 의미하기 위해 교황 문장에 사목 표어를 쓰지 않았다.

그러나 프란치스코는 교황으로서 유일하게 자신의 문장에 사목 표어를 그대로 유지하고 있다.

문장 紋章

문장은 가문이나 단체의 전통과 명예를 상징하기 위하여 만든 마크이다. 주로 동식물이나 기물을 도안하여 만들었다.

대표적인 것이 영국의 제독과 여왕, 셰익스피어 및 옥스퍼드 대학의 문장, 독일의 황제 문장, 콜럼버스의 신대륙 발견 기념 문장, 교황의 문장, 고대 예루살렘의 문장, 여러 나라의 황제 및 황태자 문장 등이다.

문장을 만든 시기는 12세기 후반부터이나, 그 이전에도 고대 이집트의 방패, 고대 페르시아의 방패, 십자군의 방패 등에서도 문장이 보인다.

교황의 문장은 성직자로서의 신분을 상징하는 것이 많은데 모자와 수술이 곁들여지고 신분에 따라 모자 색깔이 다르고 직위가 높을수록 매듭의 수가 많아지는 것이 특징이다.

특히 예수나 성모 마리아의 형상화, 십자가, 사자, 독수리, 수호의 성인聖人 등을 등장시킨 문장이 많다.

02 교황으로서의 활동

프란치스코가 교황으로서 보여주고 있는 공식적인 활동은 첫 무대부터 특이하였다. 교황이 즉위 미사를 한 2013년 3월 19일, 수많은 사람이 그의 미사 설교를 듣기 위해 이른 아침부터 성 베드로 광장으로 모여들었다. 오전 9시에는 이미 광장에 발을 들여놓을 틈도 없고 주변 일대의 도로까지 모두 인파로 뒤덮였다.

이날 오전 9시 30분, 프란치스코 교황이 성 베드로 대성당 발코니로 나오자 광장을 가득 메운 관중들이 일제히 축하의 환호성을 터뜨렸다. 뜨겁고도 열렬한 축하의 환호성으로 광장이 하늘로 솟아오를 듯하였다.

프란치스코 교황은 성 베드로 광장에 모인 수많은 축하 환영 군중을 향해 인사하고, 떨리는 목소리로 말하였다.

"전임 교황 베네딕토 16세를 위해 다 함께 기도합시다!"

교황의 첫 마디에 모두가 숨을 죽이듯 조용하고도 경건하게 기도를 올렸다. 퇴임한 교황 베네딕토 16세를 위해 기도하자고 먼저 요청하는 말로 전 인류를 위해 베푸는 교황의 강복 미사인 우르비 에트 오르비를 군중들에게 준 것이었다. 그 기도가 끝난 후에 자신을 위해 기도해 줄 것을 요청하였다.

프란치스코 교황은 기자들과의 첫 회견에서도 자신이 교황으로서 사용할 새 이름은 아시시의 성 프란치스코로부터 따온 것이라고 밝혔다. 그가 프란치스코라는 이름을 선택한 이유에 대해서

| 자신의 즉위 미사를 집전하기 위해 제대 앞에서 있는 프란치스코 교황

는 가난한 사람들에 대한 자신의 관심을 드러내기 위해서라고 설명했다. 프란치스코 교황은 교황 선출 당시의 일을 다음과 같이 설명하였다.

"콘클라베에서 개표가 진행되고 있을 때 내 옆에는 클라우디오 후메스 추기경이 앉아 있었다. 개표가 3분의 2쯤 진행되었을 때 이미 과반수를 넘어 남은 표에 관계없이 새 교황이 결정되었다며 박수가 터져 나왔다. 그때 후메스 추기경은 '좋은 친구!'라며 계속 나를 격려하였다.

그리고 나에게 축하의 포옹과 입맞춤을 하면서 '가난한 사람들을 잊지 마십시오.'라고 말했다. 후메스의 '가난한 사람들을 잊지 말라'는 그 말이 크게 다가오는 순간 나는 곧바로 아시시의 성 프란치스코를 떠올렸다. 그래서 나의 교황 이름을 프란치스코로 결정했다."

베르고글리오 추기경은 교황으로 선출되기 전에 아시시의 성 프란치스코에 대해 이렇게 말했다.

"당시 사람들의 사치와 교만, 허영심 그리고 교회의 권력에 반대되는 가난의 개념을 기독교에 도입하였다. 그래서 역사를 바꾸었다."

교황 프란치스코는 자신의 이름으로 프란치스코를 사용한 최

초의 교황이며, 제121대 교황 란도Lando : 913~914년 이후 전임자들의
이름을 계승하지 않고 고유의 이름을 가진 첫 번째 교황으로 기록
되었다.

프란치스코 교황은 미사 강론 때마다 이렇게 설교한다.

"스스로 기뻐하고 즐거워하라!"

기쁨은 인간의 삶에 대한 반응을 나타내는 감정이다. 그래서
사랑에 대한 반응이라고 말한다. 사랑하는 사람들은 기뻐하고 즐
거워한다. 삶이 즐겁고 명랑해진다. 주님이 인간에게 가르쳐 주
신 가장 보배로운 것 중의 하나가 바로 사랑과 기쁨이다. 보이지
않는 주님의 사랑과 기쁨이 인간 사회에 충만하기를 기원하며 주
님을 찬양하는 것이다.

인간들이 느끼는 사랑과 기쁨은 동전의 앞면과 뒷면과 같다.
또한, 자전거의 앞바퀴와 뒷바퀴와도 같다. 모든 성직자들, 특히
사제들이 해야 할 일은 바로 수많은 사람에게 사랑과 기쁨을 안겨
주는 일이다. 사랑과 기쁨이 없는 세상은 죽음의 세상과 다름이
없다. 사랑과 기쁨은 상대적이다. 주고받는 것이다. "인류를 사
랑하라! 그리고 기쁨을 주라!" 주님의 말씀을 실천하는 자는 복을
받고 구원을 얻을 것이다.

교황 강복

　강복은 천주가 신도들에게 복을 내린다는 의식이다. 교황 선출 직후 첫 강복_{우르비 에트 오르비}을 통해 사랑과 기쁨을 내린다.

　가톨릭에서 교황이 내리는 강복은 성 목요일과 부활 대축일에는 성 베드로 대성당에서 내리고, 예수 승천 대축일에는 성 요한 라테란 성당에서, 성모 승천 대축일에는 성모 마리아 대성당에서 미사 이후 그리스도의 이름으로 장엄하게 시행된 것에서 비롯되었다.

　오늘날에는 교황 미사 끝과 특별 회합 또는 방문한 개인 등에게도 교황 강복을 내린다.

03 크리스마스 메시지

크리스마스는 예수 그리스도가 이 세상에 오신 날로 성탄절이라고도 부른다. 크리스마스는 가톨릭의 최대 축제인 동시에 인류의 축제이기도 하다. 프란치스코 교황은 교황 취임 이후 로마 교황청에서 처음으로 맞이한 2013년 크리스마스이브 성탄 미사에서 '사랑과 용서'의 메시지를 내렸다.

"두려워 마세요!Do not be afraid!"

프란치스코 교황이 성탄 축하로 지구촌에 전달한 메시지다. 이 메시지는 교황이 특히 강조하는 말이다. 어린이를 위한 기도에서도, 세계 청년대회 미사 강론에서도 이 말을 빼놓지 않고 강조하였다.

로마 바티칸 교황청 성 베드로 성당에서 열린 프란치스코 교황의 첫 크리스마스 전야 미사에서, 전 세계인들에게 전달한 '사랑과 용서'의 메시지 강론은 많은 사람들에게 감동을 주었다.

사랑과 용서의 성탄 강론

이 밤에 복음의 기쁨을 드린다. 신_{하나님}은 우리를 사랑하신다.

신은 그래서 우리에게 그의 아들 예수를 우리의 형제에게 보내주셨다. 예수는 우리의 어둠을 밝혀 주신다. 예수는 우리에게 '두려워하지 마라!' 하고 되풀이하신다. 그리고 나 역시 두려워하지 말라고 강조한다.

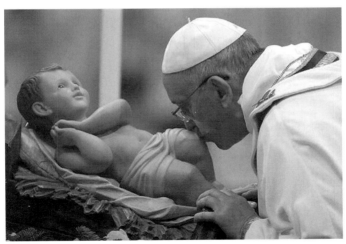

ㅣ바티칸 성 베드로 대성당에서 크리스마스 전야미사를 집전하기 전 아기 예수의
조각상에 입 맞추고 있는 프란치스코 교황

어둠의 정신이 세상을 감싸고 있다. 우리 마음이 닫히고 자만심과 기만, 이기주의에 사로잡히면 어둠에 떨어지게 되고, 반대로 하느님과 형제자매를 사랑하면 빛 속을 걷게 된다고 강조하셨다.

주님은 거대하지만 스스로 작아졌고, 부유하지만 스스로 가난해졌으며, 전능하지만 스스로 약해졌다. 이는 예수님의 낮은 자세다. 모두가 겸손하고 낮은 자세로 임하기를 바라마지 않는다.

우리들의 아버지 하나님은 성급하지 않으시다. 그는 우리를 사랑하신다. 그는 우리에게 약속의 땅으로 인도하는 안내자로 예수님을 주셨다.

누구에게나 어둠을 밝게 빛나게 하는 빛이다. 우리들의 아버지 예수는 항상 용서해 주신다. 그는 우리들의 평화이자 빛이다. 신은 빛이며 그 어떤 어둠도 없다. 여전히 사람들의 일부분이며 빛과 어둠의 시간 속에 함께 있다.

믿음과 불신, 복종과 저항, 순례자들의 시대, 방황하는 사람들의 시간 속에 계신다. 세상이 어둠 속에 갇혀 있다. 닫힌 마음을 열게 하셨다.

우리의 개인적인 이야기 또한 밝음과 어둠의 순간, 빛과 그림자 모두가 존재한다. 만약에 우리가 하나님을 사랑하고 우리의 형제자매를 사랑하게 된다면, 우리는 빛의 길을 걷게 될 것이다.

그러나 우리의 마음이 닫혀 있다면 자만심, 시기심, 이기심에 사로잡히게 될 것이다. 그렇게 되면 어둠 속으로 떨어지게 될 것이다.

사도 요한의 기록 가운데 어둠 속이라는 말이 있는데, 자신의 형제들을 미워하는 사람들은 어둠 속으로 빠질 것이며, 어둠 속을 걸어갈 때 갈 길을 모르기 때문에 어둠이 그의 눈을 멀게 하였다.

주님을 통해 마련된 곳이 있는가, 아니면 단지 파티와 쇼핑을 위한 곳만 있는가? 크리스마스 행사는 온갖 소리로 가득하지만 사랑의 목소리를 들으려면 침묵의 공간을 갖는 것이 좋다.

크리스마스 Christmas

크리스마스는 예수 그리스도의 탄생일로 성탄절, 강탄절, X-mas 등으로 부른다. X-mas라고 쓰는 것은 그리스도의 그리스어 머리글자 X키에 축제일 또는 미사 mas를 붙인 것이다. 그래서 X-mas를 크리스마스라고 읽는다. 12월 25일을 크리스마스, 그 전날 밤을 크리스마스이브라고 일컫는다.

《신약성서》에는 성모 마리아로부터 아기 예수 탄생에 이르기까지의 기록이 있다. 그러나 그날의 명확한 기록이 없어 초기에는 1월 1일, 1월 6일, 3월 21일 등 여러 갈래로 성탄절을 삼았다.

성탄절은 오랜 논란 끝에 교황 율리시스 1세재위 337~352년 때부터 12월 25일로 확정하여 오늘에 이르렀다.

04 자비로운 성직자의 길

프란치스코 교황은 "자비로운 성직자가 되자!"라고 강조했다.

"오늘날 교회 성직자들은 자비로운 사목자들이 되어야 한다. 성직자들은 자비의 마음으로 사람들을 책임지며, 이웃을 깨끗하게 씻어주고 일으켜준 착한 사마리아 사람처럼 사람들과 함께 있어야 한다. 이것이 진정한 복음이다."

교황은 이탈리아 예수회가 발간하는 《라 치빌타 가톨리카》잡지 대표 안토니오 스파다로 신부와의 인터뷰에서 "교회는 야전병원과 같은 곳"이라고 밝혔다.

교회는 야전병원과 같은 곳

크게 다쳐 상처가 심각한 사람에게 콜레스테롤이 높은가, 혈당

치가 어떤가 하고 물어보는 일은 쓸모없는 일이다.

우리는 그가 입은 상처를 치유하여 준 뒤에 나머지 것에 대해 말을 해야 한다. 지금 교회는 때때로 낡아서 쓸모도 없는 작은 것들, 도량이 좁은 규칙들 속에 자신을 가두어 두고 있다.

가장 중요한 것은 예수가 우리를 구원했다는 사실을 널리 깨우쳐 주는 일이다.

그러므로 오늘날의 교회는 여러 가지 해야 할 일들이 많다. 그 가운데서도 믿는 사람들의 상처를 치유하고 그들의 마음을 따뜻하게 해주는 것이 가장 필요하다. 교회는 전쟁이 끝난 뒤의 부상 장병들을 먼저 치료해 주는 야전병원과 같은 곳이 되어야 한다.

새로운 길을 찾아가는 날카로운 안목을 갖고 있는 양떼들과도 함께 갈 수 있어야 한다. 문을 열어놓고 들어오는 사람들을 반갑게 환영하고 받아들이는 교회에 그치지 말고, 새로운 길을 발견하고 안내하는 교회가 되도록 노력하자. 이런 생각은 바로 교회를 개혁해야 하는데 그 개혁은 충분한 식별을 통해, 천천히 구체적으로 분명하게 해 나아가야 한다는 지적이다. 나는 웅변가나 문학에 나오는 인물이 아니라, 그저 죄인의 한 사람이다. 교황이 된 뒤에 교황 관저로 들어가지 않고 '성 마르타의 집' 201호에 머물기로 작정한 것은 사치스럽지 않고 여러 사람과 날마다 인정을 나눌

수 있는 곳이기 때문이다.

우리는 큰 사업을 구상하고 추진할 수도 있지만, 가장 작은 것들부터 구체화시켜야 한다. 개혁은 필요하다. 그렇다고 변화와 개혁이 단시간에 이뤄질 수 없으며, 가장 실제적이고 효과적인 변화의 기반을 마련하기 위해 식별의 시간이 필요하다.

변화와 개혁을 식별하는 일은 항상 현실 속에서 징표를 바라보고, 일어나는 일들에 귀를 기울이고, 가난한 사람들의 심정을 헤아려 가면서 이루어져야 한다.

모든 일은 합의로 처리

모든 일을 혼자 처리하면서 성급하고도 권위적인 결정을 내리는 잘못을 범하기 쉽다.

교황은 추기경 회의와 주교 대의원 회의가 실제적으로 살아 있는 자문기구가 되기를 희망하며 조금 덜 경직된 형태로 이런 모임들을 수행해야 하며, 이 모임들에서 형식이나 상징에 불과한 자문을 원하지 않는다.

교황도 이런 백성의 일부로 존재한다. 백성들과 주교들과 교황 간의 대화가 이러한 맥락을 따라서 성실하게 나아갈 때에 성령께서도 우리를 도와줄 것이다. 우리는 일상의 거룩함을 잊지 말아야 한다. 아이들을 키우는 여인, 집에 먹을 것을 가져오기 위해서 일하는 남자, 많은 상처를 지녔지만 얼굴에 미소를 띠고 있는 노인 사제들, 그들은 주님을 섬겼기 때문에 웃을 수 있다.

열심히 일하면서 숨겨진 거룩함을 사는 사람들의 대중적인 거룩함을 고맙게 여겨야 한다. 이런 점에서 교회는 선택된 몇 사람을 위한 집이 아니라 모든 사람을 품을 수 있는 풍성한 집이 되어야 한다.

기도하며 살아가는 마음의 자세가 중요하다. 기도를 하는 동안 자기를 되돌아보게 된다. 은총에 대한 기억을 새롭게 가다듬을 수 있기 때문이다.

05 '올해의 인물'로 뽑혀

프란치스코 교황은 '가난한 사람들을 위한 가난한 교회'를 외치며 빈곤과 불평등 문제에 적극 맞설 것을 선언하고 교황청에 들어온 이후 무척 바쁘게 일하면서 1년을 보냈다.

역대 교황 중 처음으로 '빈자들의 성인' 아시시의 성 프란치스코를 교황 명칭으로 선택하고 가난과 차별, 불평등의 문제를 교회의 중심으로 끌어들이고 이를 고쳐나가는데 정성을 쏟았다.

교황은 "가난은 우리를 우상에서 멀어지게 하고 신으로 향하는 문을 열게 한다."라고 강조했다. 그러면서 가난의 복음적 가치를 강조하며 한쪽으로 치우치는 부의 불평등을 비판했다.

이런 교황의 집념을 보여주듯 2013년 7월 이탈리아의 람페두사 섬의 난민 수용소를 찾아가 "불평등에 무감각한 채로 남아 있는 것은 빈부 격차를 키울 뿐"이라고 강조하였다. 그리고 억압받는 사람들 스스로가 현실에 맞서 싸워야 한다고 주문하였다.

2013년 11월에는《복음의 기쁨》이라는 권고문을 통해 "성전 안에만 머무는 고립된 교회가 아니라 거리로 뛰쳐나가 멍들고 상처받고 더러워진 세상을 구원하는 교회가 되어 적극적으로 세상과 대화하고 만나야 한다."라고 밝혔다.

그렇게 열심히 뛰어다닌 프란치스코 교황은 교황청에 들어온 첫해인 2013년《타임지》선정 '올해의 인물'로 뽑혔다.

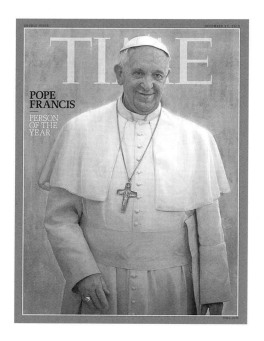

하지만《타임지》의 올해의 인물로 선정되면 반드시 하게 되어 있는 인터뷰를 정중하게 거절하여 언론계를 어리둥절하게 만들었다. 그리고 미국의 남성 잡지《에스콰이어》가 교황을 올해의 베스트 드레서로 선정했다.

소박하고 검소한 백색 수단에 수수한 검은 구두를 신은 차림새가 교회 개혁을 위한 행보에 딱 들어맞는다고 밝혔다. 이는 교황의 가치관을 잘 드러내고 있다는 호평을 받았다.

이런저런 면이 합쳐져서 상당히 인기가 많은 교황으로 떠올랐다. 한쪽에서는 베네딕토 16세 교황의 퇴위와 연관시켜서 프란치스코 교황은 교황의 재임기간을 지금까지의 종신제에서 임기제로 바꾸려는 것이 아닌가 하고 생각하는 사람들까지 생겼다.

물론 프란치스코 교황은 여기에 대해서 어떤 언급도 한 바가 없다. 하지만 만약 프란치스코 교황도 전임자처럼 교황 자리에서 별세하는 선종善終이 아니라 임기를 마치고 스스로 물러가는 퇴위를 선택한다면 가톨릭 내에서 교황 임기제에 대한 논란이 불붙을 가능성도 크다.

교황대사 敎皇大使

    교황이 세계 여러 나라에 보내는 국제법상의 대사를 말한다.

    로마 교황청에 대사를 파견하고 있는 국가에 대해 그 답례 형식으로 교황청을 대표하여 파견한다.

    명의의 주교로서 외교관 임무를 갖고 가톨릭 교회 교도의 신앙 상태와 포교 등에 관해 감독한다.

    경우에 따라서는 대사 대신에 공사를 파견하기도 한다.

    우리나라는 1966년에 교황 공사관이 교황 대사관으로 승격되었으며, 교황대사가 파견되어 있다.

개혁과 변화의 리더십

지구촌 최고의 리더

세계에서 가장 영향력 있는 사람

"프란치스코 교황은 지금 세계에서 가장 영향력 있는 리더이다!"

2014년 3월, 미국의 유력지인 《포춘》Fortune은 세계에서 가장 영향력 있는 리더 50명을 선정하여 발표하였다. 영향력 있는 리더 50명 가운데 1위로 프란치스코 교황을 꼽았다.

프란치스코 교황은 명망 높은 정치인이 아니고, 성공적인 기업가도 아니며, 더구나 인류를 위하는 일에 위대한 업적을 남긴 훌륭한 과학자도 아니다. 그런데 각종 언론이 조사하는 '세계에서 가장 영향력 있는 사람'에 빠지지 않고 단골로 등장한다. 프란치스코 교황은 그만큼 뛰어난 리더십, 강력한 리더십을 가졌다는 이야기이다. 프란치스코 교황은 즉위 1주년 만에 교황의 트위터 팔로워에 들어간 지지자가 1,200만 명을 넘어섰다. 교황의 고국 아르헨티나의 열광적인 지지는 말할 것도 없고, 지구촌 사람들이 그만큼 교황을 지지하고 있다는 것이다.

이탈리아와 브라질 등에서는 '교황 프란치스코 효과'라는 말까지 생겼다. 지난해 7월 교황의 브라질 방문으로 창출한 경제 효과가 5,389억 달러약 560조 원에 달했다는 브라질 관광공사의 조사 결과가 있었다.

전 세계 가톨릭 신자가 교황 취임 후 빠르게 증가했다는 것을 의미하는 말이다. 한편으로는 오늘날 프란치스코 교황의 영향력이 전 세계에 두루 미치고 있다는 것을 나타내는 말로도 풀이된다.

엄청난 혁신의 바람

프란치스코 교황이 가장 영향력 있는 리더로 떠오른 것은 바로 혁신의 바람을 일으킨 것이다. 혁신의 바람몰이는 대략 세 가지로 꼽힌다.

첫 번째는 '가난한 사람들을 돕자!'는 것이다. 매우 간단한 과제를 몸소 실천한 것이다. 교황은 즉위하자마자 '가난한 자를 위한 교회'를 강조했다. 77세 생일에는 노숙자들을 불러 식사를 함께 했고, 부활절에는 소년원을 찾아 청소년들의 발을 씻어주고 입을 맞추며 격려해 주었다. 교황 스스로 몸에 익힌 근면 검소함을 몸소 실천했다. 그런 몸가짐은 다른 교황들과는 비교도 할 수 없을 정도로 소박했다. 전용 관저는 물론, 전용 승용차인 리무진을 사양하고 소형 중고차를 직접 운전하고 다니거나 대중교통을 이용하는 경우가 많다.

두 번째는 '다름을 인정하는 마음씨'이다. 프란치스코 교황은 무신론자는 물론이고 무슬림, 동성애자, 이혼 가정 등 서로 다른 의견을 가진 사람들을 기꺼이 보듬어 안아 준다. 서로 다른 입장을 이해하고 인정하며 끌어안아 주는 마음씨에 감동하는 사람들이 많다. 그러면서도 모두가 부당한 차별 없이 행복한 삶을 살아야 한다고 외친다.

세 번째는 '낡은 제도의 개혁'이다. 추기경 8명으로 자문단을 구성하여 방만한 경영, 공정하지 못한 거래, 불투명한 재정 집행 등으로 비판을 받아온 교황청 개혁을 단행하고, 합리적이고도 국제 기준에 합당한 회계처리 기틀을 마련했다. 교황청의 금융과 행정을 감독할 경제사무국도 새로 만들었다.

특히 바티칸시국 형법을 개정하고 UN 아동권리선언에 따라 아

동 인신매매, 아동 성매매, 청소년 성범죄, 아동 포르노물 소지 등
에 관한 형사 처분 기준을 크게 강화하였다. 종신형을 폐지하는
대신에 최고 형량을 35년으로 정하는 등 획기적인 조치를 단행한
점도 프란치스코 교황의 통치력 가운데 하나로 꼽힌다.

02 생각을 바꾸자

가톨릭 개혁의 리더

"가톨릭 교회는 가난한 사람들을 위해 더욱 문턱을 낮추고 성직자들은 마음을 활짝 열고 낮아져야 한다! 그리고 가장 비천한 사람들, 가장 가난한 사람들과 약한 사람들을 위해 봉사해야 한다!"

프란치스코 교황이 취임 인터뷰에서 강조하고 주문한 말이다. 이 말을 강론할 때마다 빼놓지 않고 되풀이해 강조한다.

가톨릭 교회가 낮아지고 사제들이 마음을 열어야만 더 많은 사람들과 하나가 될 수 있다는 것이다.

신자들은 그런 교황에게서 더 서민적인 교황, 더 친근한 교황의 리더십을 느낄 수 있다며 교황을 좋아한다.

"프란치스코 교황은 가톨릭을 개혁하는 21세기의 성직자다. 경영학적 분석으로 볼 때 세계에서 가장 오래된 다국적 기업을 과감하게 현실적으로 혁신하는 CEO다!"

외신이 지적한 분석이다. 지구촌에 골고루 퍼져 있는 가톨릭 교회를 거대한 다국적 기업에 비유한 것이다. 교황을 CEO라고 보는 또 다른 비유도 있다.

"가톨릭 교회는 전 세계의 유통 체인과 같다. 그런 방대한 성당 조직에서 100만 명에 이르는 임직원을 거느린 다국적 기업이다. 그만큼 관료화되거나 비대하여 마치 공룡과도 같은 거대한 조직을 이끄는 수완이 정말 놀랍고 대단하다. 그 가운데는 교황의 탁월한 리더십으로 핵심 가치를 되살려 냈다. 그래서 교황의 리더십은 더욱 빛난다."

다국적 기업체는 가톨릭 교회이고, 성당의 임직원들은 바로 사제들을 가리킨다. 신자들을 이끌어주는 사제들이 종교적 기능을 제대로 할 때 가톨릭 교회는 신자들로부터 더 높은 신망을 받을 수 있다는 것이 교황의 생각이다.

그래서 교황은 젊은 사제들에게 어떤 정치적인 목적이나 행동에 휩쓸리지 않고 교리에 따라 복음을 성실하게 전달하고, 미사 예배를 헌신적으로 집전하는 것이 본래의 일이라고 다독거려 준다.

참 사랑의 실천

생명을 존중하는 사람이 되어야 한다. 참다운 사람은 이성을 초월한다. 심지를 다스리고 이성적으로 역사를 다스리고 새로운 역사를 만들어 간다. 그런 마음으로 세상을 바라보고 인류를 생각하면 성인의 경지로 접어들 수 있다. 과학 문명은 놀랍게 발전하는데 사람들은 주체성을 잃고 윤리 도덕적으로 타락하고 사회 질서와 정의를 파괴하는데 거침이 없다.

참사랑은 가톨릭의 정신이다. 사랑과 이성이 하나가 될 때 아름다운 감성이 꽃을 피운다. 순수한 생각은 청결한 심성을 만들어

준다. 생각이 맑고 깨끗하면 그 몸도 마음도 깨끗해진다.

범부와 성인의 차이는 무엇인가? 생각의 차이다. 삼위일체가 바로 맑은 생각, 밝은 이성으로 하나를 이루는 바탕이다. 사람은 대개 범부와 성인의 두 마음을 갖고 있다. 그래서 범부의 경지에도 들어가고 성인의 경지에도 들어간다. 구원은 달라고 애원한다고 해서 얻어지는 것이 아니다. 범부의 경지를 멀리하고 성인의 경지를 가까이할 때 구원을 받는다.

사제司祭

일반적으로 엄격한 종교 의식에서의 신과 인간을 중개해 주는 사람을 말한다. 그러나 현실 사회에서 실제로 사람이 신과 인간을 중개해 준다는 것은 불가능하다.

옛날에는 국왕이 사제를 겸해 하늘과 조상에 대한 제례를 올렸다. 가톨릭 교회에서의 사제는 성스러운 일인 성사聖事의 집행과 거기에 수반하는 전례를 맡아 주관하는 성직자를 가리키는 사람으로서, 신도들을 통솔하고 지도하는 일을 주관하는 권능을 갖는 사람, 곧 서품을 받은 사람이다.

사제의 기원은 분명한 기록이 없으나 6세기 때부터 시행된 것으로 알려지고 있다. 그리스도에 대한 참 제사인 미사 예배에 참여하고, 미사 봉헌 헌신에 동참하는 등 종교적 활동을 한다.

03 더 낮은 곳으로

스스로 몸을 낮춘 교황

프란치스코 교황이 가난과 불평등을 비판하는 것은 새로운 일이 아니다. 유럽 여러 나라에 마르크스주의가 확산되던 1891년 당시 교황 레오 13세는 외쳤다.

"대다수 노동 계급은 너무나 불공평하게 곤궁함과 비참함을 짊어지고 있다."

전임 교황 베네딕토 16세도 2012년 신년 미사에서 "날로 커져 가는 부자와 빈자 사이의 불평등이 긴장과 분쟁을 낳고 있다."라고 밝혔다. 그러나 프란치스코 교황이 외치는 가난과 불평등은 그 차원이 다른 교황들과는 사뭇 다르다. 입으로만 외치지 말고 행동으로 보여 주자는 것이다. 스스로는 말하면서도 정작 자신의 특권을 내려놓는 데는 인색했던 이전 교황들과는 많이 다르다는 평가를 받고 있다. 실제로 그런 행동과 모습은 바티칸시국 여러 곳에서 나타났다.

프란치스코 교황은 전용 관저인 교황궁 대신 다른 일반 성직자들이 함께 지내는 바티칸의 '성 마르타의 집'을 숙소로 정하고 생활한다. 교황궁에서는 갇혀 있는 몸이나 마찬가지임으로 고립된 생활을 피할 수 없다는 것이다.

사람과 사람의 만남이 중요하다는 평소의 생활 신념이 교황궁 대신 '만남'이 자유로운 '성 마르타의 집'을 숙소로 삼았다. 하지만 그 이면에는 검소함을 실천하기 위한 선택이 담겨 있다.

미사를 집전하기 위해 가톨릭 교회를 찾아가는 길도 대중교통을 이용한다. 로마 교외로 나갈 때에도 다른 교황청 직원들과 함께 버스로 이동한다.

기한이 만기가 된 모국 아르헨티나 여권을 다시 바꾸었다. 교황청 국가 원수라는 의전 특권을 사양하고 아르헨티나 일반 여권을 그대로 갱신하여 사용하고 있다.

작은 일 하나부터 교황이 손수 챙기고 실천하는 데 앞장서서 모범을 보이고 있다.

"교황은 가톨릭의 교리를 성실하게 이행하면서 강복을 많이 내려야 한다. 입으로만 외칠 것이 아니라 손수 시범을 보일 때 수많은 신자가 따라온다. 교황 자리는 군림하고 권력을 휘두르라는 자리가 아니다. 더 낮은 곳으로 향하여 복음을 전하라는 임무를 맡겨준 것뿐이다."

프란치스코 교황은 자본주의를 새로운 형태의 독재로 지적하고, 세계화의 중심에 인간이 아닌 돈이 있다고 비판하였다. 그런 교황을 보수적인 교회에서는 마르크스주의자라고 공격한다. 하지만 교황은 이를 부정하면서도 따끔하게 경고의 말을 던졌다.

"나는 내 삶에서 많은 마르크스주의자들을 만나 왔다. 그들은 좋은 사람들이었다. 그렇기 때문에 나를 가리켜 마르크스주의자라 불러도 화가 나지 않는다."

개인의 부는 사회에서 빌린 것이다. 모든 경제는 가난한 빈자와 가장 약한 최빈자最貧者를 어떻게 대하느냐에 따라 평가의 기준과 방법이 달라진다.

가난과 함께 사랑은 교황의 주요 주제이다. 그래서 "하느님이 보실 때 나는 죄인"이라고 말한다.

성직자는 교회의 가르침을 자비롭게 적용하고 인도하는 사람이 되어야 한다고 강조한다.

사랑과 관용의 삶

교황의 사랑과 관용의 삶은 여러 곳에서 드러난다.

"무신론자는 양심에 따라 살면 된다."

"동성애자가 선한 의지로 신을 찾는다면 심판할 수 없다."

"교회는 야전병원과 같다. 피 흘리며 쓰러져 있는 사람에게 콜레스테롤 수치 따위를 묻는 것이 무슨 소용이냐? 원칙보다 상황을 먼저 고려해야 한다."

이런 말들은 바로 교황의 관용적 태도를 엿볼 수 있게 하는 대목이다.

검소하고 낮은 곳으로 향하는 행보, 불평등과 차별에 대한 적극적인 비판, 소수자에 대한 관용적 태도를 몸소 실천하고 있는 프란치스코 교황은 가톨릭 교회를 넘어 전 세계인에게 크나큰 호응을 얻고 있다.

전 세계 페이스북 이용자들이 '교황 프란치스코'를 클릭하면서 "지구상에서 가장 매력적인 인물"로 꼽는 것도 그런 소박하고도 평범한 삶 때문이다.

클라우디오 셀리 교황청 사회홍보평의회 대주교는 바티칸 라디오에서 교황에 대해 이런 메시지를 띄웠다

"똑같은 예수의 복음을 전하면서도 마음을 두드리는 선율을 연

주할 수 있는 능력을 갖고 있는 분이다.”

중동에서 보여준 파격 행보

프란치스코 교황은 중동 순례에서도 파격적 행보를 이어갔다. 국왕 만찬을 사양하는 대신 난민들과 만나는 식으로 더 낮은 곳을 찾아갔다. 교황은 헬기 편으로 팔레스타인 영토 안에 위치한 예수 탄생 성지인 베들레헴을 찾았다.

이는 전임 교황들과는 달리 이스라엘을 거치지 않고 먼저 팔레스타인을 방문한 파격적 행보이다. 예고 없이 이스라엘이 설치한 팔레스타인 분리 장벽을 찾은 교황은 인종 차별의 상징인 장벽에 손과 이마를 대고 말없이 기도했다.

이스라엘과 팔레스타인 간의 뿌리 깊은 분쟁 종식을 위해 두 개의 국가가 필요하다며 팔레스타인 국가 건설을 지지했다. 팔레스타인 난민촌에서 거듭 평화 정착을 역설했다.

“폭력은 폭력을 부를 뿐이다. 폭력을 종식시킬 수 있는 것은 평화뿐이다.”

교황은 가톨릭과 유대교, 이슬람교의 성지인 예루살렘도 방문했다.

“더 낮은 곳으로”와 “가난한 교회”를 외치며 파격적인 행보를 계속하면서 현실 참여를 촉구하는 프란치스코 교황에게는 가난과 불평등을 비판하는 일이 조금도 새로운 일이 아니다.

베들레헴Bethlehem

베들레헴Bethlehem은 예루살렘 남쪽 약 9km 떨어진 언덕, 높이 750m의 구릉 지대에 있는 팔레스타인의 도시이다. 헤브라이어로 '빵의 집'이라는 뜻이다.

고대 다윗 왕의 고향이자 예술 그리스도의 탄생지로 유명하다.

흔히 메시아구세주의 출현을 예언한 곳으로 예수가 탄생됨으로써 메시아의 실현을 입증한 것으로 널리 알려졌다.

기원전 4세기경 로마 콘스탄티누스 대제최초의 그리스도교도 황제가 마을 동쪽 동굴 위에 히드리아누스 제왕 시대에 세워진 아도니스 신전을 파괴하고 예수 성탄기념교회를 창건하였는데, 529년에 사마리아인의 반란 때 파괴되었다. 그 뒤 동로마 제국의 황제 유스티니아누스재위 527~565년의 명령에 의해 재건되면서, 오늘날에 이르도록 그리스고교의 성지로 전해 온다.

팔레스타인은 서남아시아 지중해 동쪽 해안 일대의 지명인데 옛

이름은 가나안이다. 요르단 강을 중심으로 옛날부터 유대교, 그리스도교, 이슬람교가 각각 성지로 여기는 복잡한 특수성을 지니고 있어 종교적 갈등이 계속되는 숙명을 안고 있다.

팔레스타인이라는 민족 개념의 유대인 국가가 이스라엘의 탄생으로 추방당하였으나 유대인들의 고향에 국가를 다시 세우려는 노력을 집요하게 추진하여 왔다.

이런 연유 때문에 민족적 분규와 함께 종교적 분쟁지역으로 가열되고 드디어 중동전쟁이 발발하는 등 혼란이 거듭되고 있다.

중동전쟁 때문에 많은 어린이 희생

프란치스코 교황은 "중동 지역 전쟁 때문에 너무 많은 어린이가 숨졌다. 이스라엘과 팔레스타인 지도자들에게 중동 평화 정착을 위한 진정한 용기를 보여 달라."라고 호소했다.

교황은 이스라엘, 팔레스타인 정치 지도자를 바티칸으로 초대하여 중동 평화를 위한 합동 기도회를 갖고 중동 전쟁으로 희생된 많은 어린 영혼들의 넋을 위로해 주었다.

| 프란치스코 교황이 베들레헴 예수 탄생 성당 구유 광장으로 이동 중에 신자들의 환영을 받
고 있다.

전쟁으로부터 평화를 지키고 어린 생명들을 보호하기 위해 교황이 마련한 합동 기도회에는 시몬 페레스 이스라엘 대통령, 마흐무드 압바스 팔레스타인 자치정부 수반, 그리스 정교회 총대주교인 바르톨로뮤 1세와 가톨릭·유대교·이슬람교 신자 등이 참석한 가운데 6월 8일 열렸다.

프란치스코 교황은 특히 "이런 순수한 죽음들에 대한 기억이 평화적 대화와 공존을 위한 모든 작업에 인내와 용기와 힘을 불어 넣어줄 것"이라며 "평화를 정착시키는 것은 전쟁하는 것보다 더 많은 용기가 필요하다."라고 강조했다.

이스라엘의 페레스 대통령도 "우리 어린이들에게 평화를 가져 다주는 것은 우리의 의무이며 부모의 성스러운 임무"라고 밝혔 다.

팔레스타인의 압바스 수반은 "중동은 물론 세계인들이 평화와 안정, 그리고 공존의 기쁨을 누릴 수 있도록 우리 조국이 정당하 고 총체적인 평화를 갖도록 해 달라."고 기도했다.

바티칸 당국은 "프란치스코 교황이 이스라엘 대통령과 팔레스 타인 자치정부 수반을 초청한 일은 진정으로 평화를 위하고 어린 생명들의 안전을 위한 숭고함이며, 그 어떤 정치적 복선도 깔려 있지 않다."라고 밝혔다.

프란치스코 교황의 거침없는 외교적 활동에 대해 그동안 미국 이 주도했던 이스라엘과 팔레스타인 사이의 평화회담이 결렬되 고, 팔레스타인의 양대 정파인 파타와 하마스 정파가 통합 정부의 출범을 선포한 상황에서 새로운 돌파구를 마련해줄 수도 있을 것 으로 기대하고 있다.

가톨릭·유대교·이슬람교 등 3개 종파는 물론 그리스 정교회 인사들까지 참여해 '창조와 용서를 위한 기도', '평화를 위한 기도' 등을 주제로 합동 기도회를 가진 것도 중동 평화를 위한 종교적 공감대를 형성하는데 이바지한 것으로 서방 언론들은 평가하고 있다.

바티칸 정원에서의 합동 기도회를 마친 다음 프란치스코 교황과 페레스 이스라엘 대통령, 압바스 팔레스타인 자치정부 수반 등은 평화의 상징인 올리브나무를 함께 심었다.

교황은 중동 성지순례 중이던 2014년 5월 25일 베들레헴의 구유 광장에서 미사를 집전하면서 압바스 수반과 페레스 대통령을 바티칸으로 초대하고 싶다는 의사를 공개적으로 밝혔고, 양측이 이를 수락해 합동 기도회가 이루어진 것이다.

04 새로운 고민거리

프란치스코 교황의 선출은 로마 교황청 내부의 개혁을 간절히 열망했던 가톨릭 교회의 뜻을 받아들인 결과였다. 프란시스 조지 미국 시카고 대주교는 새 교황 선출에 대해 이렇게 말했다.

"그의 뒤에 놓인 '쓰레기'로부터 주관적으로 그리고 객관적으로 자유로운 사람이어야 한다는 '자유'의 원칙이 콘클라베 교황 선출 비밀회의에 있었다. 논의가 계속되면서 베르고글리오 추기경이 이 조건을 충족하는 사람으로 떠올랐다."

프란치스코 교황은 교황이 되기 전까지 일반 세속 사회에서는 거의 무명이나 마찬가지였다. 하지만 교황은 2005년 베네딕토 16세를 선출한 콘클라베 1차 투표에서도 40표를 획득해 72표를 얻은 당시 라칭거 추기경에 이어 2위를 기록할 정도로 명망이 보이는 추기경으로 이름을 알렸다. 교황청 부패 해결을 위해 관료 조직의 입김에서 자유로운 사람을 선출해야 한다는 공감대가 이미 형성되었고 그런 기대가 높아졌다는 뜻이다.

교황청 개혁을 위해 8명의 추기경으로 구성된 자문위원회를 꾸리고, 금융 감독기구인 경제사무국을 창설한 데는 이런 밑바탕의 지지가 짙게 깔려 있었던 것이다. 부패와 비리로 얼룩진 교황청 개혁은 첫발을 과감하게 내디뎠지만, 사제들의 아동 성학대 문제에는 미온적 대처라는 반발에 부딪혔다.

이에 대해 교황은 입장을 밝혔다.

"교회는 성 문제에 투명성과 책임감을 갖고 대응해 온 유일한 공적 기관이라고 생각한다. 아동에 대한 성폭력은 거의 대부분이 가정이나 그 주변에서 일어난다."

그러자 교황이 책임을 회피하는 발언을 했다며 거센 항의와 비판을 받았다. 어떤 일을 추진하는 데는 혼자만이 판단해서 독단으로 결정해서는 안 되지만, 그렇다고 상대의 의견에 반대만 해서도 안 된다는 것이 교황의 생각이다.

프란치스코 교황은 취임 이후 세계 각지에서 미사에 참석하는 신자들의 수가 늘어나고 있는 추세이다. 이런 현상은 교황의 인품과 신망이 신자들로부터 높은 지지를 받고 있다는 증거이다.

그러나 가톨릭 교리와 일반 신자들이 느끼는 인식의 차이가 날로 커지는 점은 피할 수 없는 고민거리다. 전혀 예상하지 못한 새로운 고민거리이다. 지금 고해성사에 참여하는 신자는 거의 사라져서, 사제의 면죄권이 개인의 양심의 자유에 자리를 내주고 있다는 여론조사 결과가 스페인에서 나왔다.

교황은 교리와 인식의 간극을 좁히기 위해 가톨릭 가치를 고수하면서도 현실 상황을 고려한다는 입장을 취하고 있다. 교황은 성 이그나티우스를 인용해 이렇게 강조하였다.

"위대한 원칙은 반드시 장소와 시간, 사람이라는 상황 안에서 구현돼야 한다. 교회가 복고주의자, 법률주의자이거나 모든 것이 다 분명하고 안전하기를 원한다면, 아무것도 찾지 못하고 이루어 낼 수 없을 것이다."

교황은 교리와 현실 간에 일치하지 못하고 떨어지는 간격을 좁히기 위한 또 하나의 시도로 추기경 회의인 시노드를 소집해 '가족'에 관한 문제를 논의하였다.

전 세계 신자들을 상대로 성과 가족의 문제에 대한 설문조사도 실시하였다. 프란치스코 교황은 전임 교황들이 골치 아픈 문제라며 피해 왔던 가족과 성이라는 주제를 전면에 내세운 이유는 따로 있다. 피해 갈 수 없는 현실 문제라는 이유 때문이다. 실상 그보다 더 중요한 과제인 '사회적 죄'를 논의하고 그 해결의 실마리를 찾아보자는 것이었다.

교황은 "동성애와 미혼모, 낙태에 따른 성 관련 문제가 사회적 죄로 관심을 돌리는 데 방해가 되고 있다."라고 보았다.

이는 장기적 관심이 차별과 불평등 해소에 있다는 것을 뜻하는 말이다.

05 빈민가 찾아가는 교황

가난한 사람들을 보듬는 친화력

추기경 시절에도 주말 저녁마다 버스를 타고 혼자서 빈민가를 방문했다. 조그만 집무실에는 과자 봉지를 쌓아 두고 방문객에게 나눠주었다. 또 손수 스파게티를 요리해 대접했다.

여러 가지 독특하고도 다양한 배경과 신념, 신앙을 가진 사람들과의 세상 살아가는 이야기를 주고받으면서 대화를 즐긴다. 그런 사람들과의 이야기를 통해 의견 소통이 오갈 수 있도록 마음을 열고 대화를 한다.

이러한 노력은 프란치스코 교황의 장점이자 교황으로서의 친화력이기도 하다. 그래서 여러 계층의 사람들과 대화를 통해 소통하려는 헌신적인 노력을 하는 사람으로 널리 알려져 있다.

프란치스코 교황이 로마 교황청의 새 교황이 되었다는 사실은 지구촌 곳곳에 살고 있는 가난한 사람들에게는 새로운 희망이자 큰 기쁨일 것이다. 교황은 즉위 첫해에 브라질 성체대회에 참석하였다. 그때 교황은 브라질의 빈민가를 흔쾌히 찾았다.

교황이 가난한 사람들을 존중하는 행동은 그리스도교의 임무 중 하나인 것이다. 가난의 원인에 대해서는 여러 가지 요인들이 반드시 따라붙는다. 그래서 교황의 비판이 매우 중요하게 들린다. 가난의 원인에 대한 저항과 투쟁이 그리스도교 신앙에서 매우 중요하다는 것은 누구나 다 알고 있는 사실이다.

규제받지 않는 자본 권력을 새로운 독재로 규정한 교황의 가르침도 여기서 나온 것이라 주목받고 있는 것이다.

가난한 교회, 더 낮은 교회로 사회에 접근해야 한다는 교황의 생각은 가톨릭 교회가 가난한 사람들을 편들거나 가난하게 살고 있다는 말과는 다르다.

지구촌의 추기경, 주교, 사제들, 그리고 한국의 추기경과 사제들도 모두 교황처럼 가난한 사람들을 위하는 마음을 가져야 하고, 교황처럼 청빈하게 살고, 교황처럼 가난한 사람들의 손을 잡아주는 모습을 배워야 한다는 것이 지금 지구촌의 희망인지 모른다.

희망을 안겨 주는 메신저

교황은 가톨릭이나 기독교를 떠나서 모든 종교인들에게 희망을 안겨 주는데 정성을 쏟고 있다. 사실 희망이라는 단어가 가장 많이 사용되는 곳이 종교이지만, 얼마나 희망의 손길을 펴는지 알 수 없다. 그런 실례는 여러 곳에서 드러나고 있다.

1982년 교황 요한 바오로 2세가 아르헨티나를 방문하여 독재자 비델라를 대통령궁에서 만났다. 1976~1983년 군사정권 시절 집권자였던 비델라는 지금 77세 나이가 되었지만, 감옥에 갇혀 50년 징역형을 살고 있다.

평소의 일상생활 속에서 공적으로나 사적으로나 항상 검소함과 겸손함을 잃지 않고 생활한다는 것은 무척 어렵다. 또 세상에는 스스로 지도자라고 말하는 사람은 많다. 그러나 지도자로서의 덕목을 실천하는 사람은 많지 않다.

프란치스코 교황처럼 가난한 사람들을 편드는 지도자가 지금 세상 어디에 있을까? 개인의 운명을 결정하는 사람은 개인 자신이며, 민족의 운명과 나라의 운명을 결정하는 사람은 결국 국민들 자신이다. 위대한 메시아를 막연하게 기다리는 사람이 되지 말고 모두가 실천하는 메시아가 되어야 한다는 말이다. 세상은 넓고 크며 복잡하다. 뛰어난 교황 한 사람으로는 세상도 교회도 바뀌지 않는다.

　각자가 교황보다 더 뛰어난 사람이 되고 교황처럼 앞서 가는 사람이 되고, 세상을 바로 보는 깨달음이 있어야 세상은 밝아진다는 것을 프란치스코 교황은 온몸으로 지구촌 사람들에게 보여 주고 있다.

| 성 베드로 성당의 '베드로의 의자'와 '영광'

06

사랑과 용서의 리더십

01 첫 강론은 '성 요셉'

프란치스코 교황은 2013년 3월 19일 오전 9시 30분현지 시간 바티칸 성 베드로 광장에서 거행된 교황 즉위식 때 무대 뒤편에 '상지의 옥좌'라는 성모상을 배치하였다.

이 성모상은 1960년대에 교황 바오로 6세가 브라질 대통령 움베르투 지 알렝카르 카스텔루 브랑쿠로부터 선물 받은 것이다.

프란치스코 교황은 즉위 미사에 세계 여러 나라의 정치 및 종교 지도자들을 아무 조건도 없이 초대하였다.

그러나 모국 아르헨티나를 포함하여 주교들과 평신도들에게는 즉위 미사에 참석하겠다는 소식을 전해 듣고 간곡하게 말렸다.

"나의 조국 형제자매들이여! 교황 즉위 미사에 참석하기 위해 비싼 여행 경비를 쓰면서 올 것이 아니라, 그 돈으로 가난한 이들과 함께할 수 있도록 자선 단체에 기부하기를 당부한다."

이 말이 언론을 타고 전파되면서 많은 사람에게 감동을 안겨 주었다.

교황청에 따르면 성 베드로 광장과 그 주변에는 프란치스코 교황의 즉위 미사를 보기 위해 100만 명이 넘는 엄청난 인파가 몰려들었다. 바티칸에 100만 명이 넘게 모인 것은 2011년 5월 교황 요한 바오로 2세의 시복식 이후 처음이었다.

교황 즉위 미사에는 6개국 국왕과 31개국 대통령, 3개국 왕자, 11개국 총리 등이 참석했다. 대한민국에서는 유진룡 문화체육관광부 장관이 사절단 대표로 참석하여 교황 즉위를 축하했다.

교황은 즉위 미사 강론 주제를 '성 요셉'으로 하였는데, 그날이 바로 보편 교회의 수호자 성 요셉 대축일이었기 때문이었다.

프란치스코는 교황청이 경제적으로 어려운 때에 역대 교황들이 취임 기념으로 시행해온 직원 보너스를 지급하지 않았다. 본래 신임 교황이 선출되면 교황청 직원들에게 소액의 보너스를 지급

했던 것이 관례였다.

그뿐만이 아니다. 바티칸 은행감독위원회에서 매년 추기경들에게 보너스로 지급하던 관례도 폐지하였다. 2014년 2월 24일 프란치스코는 교황청의 재무와 행정, 인사, 조달 등 재정과 관련한 모든 분야를 감독할 경제사무국을 만들면서 이렇게 밝혔다.

"새로운 기구를 창설한 목적은 현재의 관리 구조를 합리적으로 운영하고 감독 기능을 향상시켜 내부 통제와 투명성을 높이는 것이다. 이로써 가난한 이들을 위한 교황청 사업에 지원을 늘릴 수 있을 것이다."

교황청의 부정, 비리를 바로 잡기 위해 경제사무국은 8명의 추기경과 7명의 재무 전문가 등 15명의 위원으로 구성되어 있다. 국장에는 조지 펠 추기경을 지명했다. 펠 추기경은 교황과 교황청의 한 해 예산안을 마련하고 교황청 내 모든 기관에 대한 재무기획과 내부 감독을 담당한다. 이와 함께 교황청 재정의 투명성을 강화하고 빈곤층을 위한 기금 조성도 주도하는 것으로 알려졌다.

스스로를 '교회의 아들'이라고 말한 교황은, "사람은 누구나 잘못을 저지를 수 있다. 그렇다고 미워하거나 저주해서는 안 된다. 용서와 화해의 첫 번째 단계는 기도"라고 설교한다.

성 요셉

프란치스코 교황이 즉위 미사 강론 주제를 삼은 '성 요셉'은 보편 교회의 수호자이자 성모 마리아의 남편으로 알려진 인물이다.

예수의 어머니 성모 마리아는 요셉과 약혼한 사이였는데, 그리스도가 동정녀童貞女인 마리아에게 성령聖靈에 의해 아기를 잉태하여 그리스도를 낳게 하였다고 《성서》는 전한다.

요셉은 《구약성서》와 《신약성서》에 모두 등장한다. 《구약성서》에서는 야콥의 11번째 아들로 이집트로 가서 성공하고 이스라엘을 다스린 요셉, 그리고 《신약성서》에서는 성모 마리아의 남편인 요셉이다.

의욕적인 교황의 행보

교황청 부패 척결에 과감

교황은 바티칸시국의 전반적인 개혁과 함께 부패 척결에 과감하게 나섰다.

《뉴욕타임스》와 《워싱턴포스트》 등 해외 언론들은 전임 교황 베네딕토 16세 퇴임의 직접적 원인을 바티리크스 사건이라고 분석하여 지적했다. 이 사건의 밑바탕은 바티칸 행정부의 부패를 척결하고 위기를 타개하기 위해, 교황과 비밀 편지를 주고받던 비가노 대주교와 교황의 집사 파올로 가브리엘레가 조직적 의도적으로 비밀 편지를 유출하면서 불거졌다는 것이다.

외신을 비롯한 대다수 언론에서도 부패 척결과 관료주의 타파를 새 교황의 대표적인 직면 과제로 꼽았다.

더욱 근본적 원인으로는 바티칸 안의 최고 행정기구인 쿠리아의 관료제적 부패라는 분석을 내놓았다. 국무원장과 궁무처장을 겸임한 반개혁파 타르치시오 베르토네가 이탈리아 출신들을 대거 요직에 앉혀 사실상 최고 실력자로 군림했다고 신랄하게 꼬집었다.

그러함에도 불구하고 베네딕토 16세 교황은 사실상 고립되어 아무런 조치를 취할 수 없었다고 지적한 것이다.

대표적으로 베네딕토 16세 교황은 바티칸 은행을 개혁하려고 했으나, 바티칸 은행을 관할하는 타르치시오 국무원장의 음해와 방해로 실패했다고 지적했다.

교황청의 2인자 비가노 대주교 역시 교황을 보필하여 교황청 개혁 작업에 나섰으나, 이후 타르치시오 국무원장에 의해 상대적으로 한직인 미국 주재 교황대사로 발령받았는데 사실상 유배를 당한 것이라고 비판하였다.

이는 바티리크스의 배후로 알려진 파올로 가브리엘레 집사가 큰 스캔들의 주요 인물로 지목되어 8년의 징역형까지 가능했으나 부당한 압력으로 18개월의 징역형만을 언도받았고, 그나마 두 달 만에 교황에 의해 사면됐다는 정황으로도 방증되었다고 분석했다.

부패를 척결하겠다고 나섰던 개혁파 비가노 대주교와 가브리엘레 집사가 교황청에 의해 무력화되자 자진하여 물러가는 사태로 번졌다. 그 뒤에도 바티리크스 사건을 처리하는 과정에서도 타르치시오 베르토네가 도청을 지시했다는 의혹까지 불거졌다.

이 때문에 차기 교황은 바티칸을 개혁할 수 있는 강력한 인물이 되어야 한다는 주장이 일어난 것이다.

이런 여론을 타고 교황 유력 후보 중 한 사람이었던 밀라노의 안젤로 스콜라 추기경은 타르치시오 베르토네 추기경과 안젤로 소다노 수석 추기경으로 대표되는 쿠리아의 반발에 의해 이탈리아 추기경 표가 분산되면서 밀려났다는 분석이 나왔다.

결국, 이러한 사태는 바티칸 내부 관계자들의 패거리 경쟁의식에 따른 세력 간의 질투와 경쟁심 때문이었다고 언론들이 지적했다. 그로 인해 바티칸의 내부 분열 양상이 그대로 노출되고 말았다. 비유럽파와 개혁파가 똘똘 뭉쳐 프란치스코가 교황으로 선출되었다는 평가가 나온 것이다. 이들의 지지를 업은 프란치스코에게 쿠리아의 개혁과 부패 말소는 피할 수 없는 숙제로 떠올랐다.

겁내지 말고 디지털 세상 시민 되자

제48차 홍보 주일 담화, 2014년 5월 27일

프란치스코 교황은 제48차 홍보 주일을 맞아 참된 만남의 문화에 봉사하는 커뮤니케이션이 필요하다는 담화를 발표하였다.

도시의 거리에 나가 보면 노숙자들과 상점의 휘황찬란한 불빛이 극명한 대조를 이루고 있다.

세계적 차원에서 부자들의 지나친 사치와 가난한 이들의 극심한 빈곤 사이에 격차는 비극적일 만큼 크다. 매우 안타까운 일이다. 경제적 정치적 이념적 원인들과 안타깝게도 종교적인 원인까지 뒤얽혀 갈등을 겪고 있다.

이런 상황에서 인터넷을 포함한 대중 매체는 모든 사람들에게 만남과 연대의 무한한 가능성을 열어 준다.

그러나 빠른 정보 전달 속도와 다양한 의견들 때문에 자신의 기대와 생각, 또는 특정한 정치적 경제적 이익에만 부합되는 정보 영역에 갇혀 버릴 수도 있다.

커뮤니케이션 세상은 우리의 성장에 도움이 될 수 있으나 그와 정반대로 우리가 길을 잃을 수도 있다. 그렇다고 해서 사회적 매체를 거부하는 것은 정당하지 못하다. 커뮤니케이션을 기술의 발전이라고 여기기보다는 인간의 발전이라고 보아야 한다. 그 때문에 참된 만남의 문화에 이바지하기 바란다.

이런 점에서 인터넷과 대중 매체를 통한 의사소통이 나 자신을 다른 사람과 같게 만드는 '이웃 되기'의 능력을 키울 수 있기를 바란다.

커뮤니케이션이 주로 소비를 조장하거나 다른 사람들을 이용하려는 목적을 가질 때 우리는 착한 사마리아인의 비유에 나오는 사람이 당한 것과 같은 폭력적인 공격을 겪게 될 것이다.

미디어의 전략이 항상 커뮤니케이션의 아름다움과 착함, 그리고 진실함을 보장하지는 않는다. 진실을 담은 의사소통과 온전한 참여가 필요하다.

그리스도인의 증언이 인터넷 덕분에 삶의 변두리에로 이를 수도 있다. 복음이 교회의 문턱을 넘어 모든 사람들에게 전해질 수 있도록 디지털 환경에 교회의 문을 열어 두어야 한다.

그리하여 교회도 인터넷을 통해서 세상으로 나아가야 한다.

우리가 비추는 빛은 속임수나 특수 효과에서 나오는 것이 아니라 상처받고 길가에 버려진 이들에게 사랑과 애정으로 이웃이 되고 도움을 주는 힘을 길러야 한다.

겁내지 말고 디지털 세상의 시민이 되자. 그리하여 커뮤니케이션을 통해 사람들과 대화를 나누고 모든 이들과 함께 걸어갈 줄 알아야 한다.

자비의 교회 통해 복음 전달

프란치스코 교황은 강론들을 모아 엮은 《자비의 교회》를 통해 복음을 전달하고 있다.

《자비의 교회》는 추기경을 비롯하여 신자와 일반인들까지 여러 계층의 사람들을 만나 이야기하고, 여러 모임에서 연설한 내용들을 정리하여 펴낸 강론집이다. 교황 취임 미사 강론부터 그동안 수요일 일반 알현, 평화를 위한 기도 모임, 아파레시다 대성당에서 봉헌한 미사 등에서 시행한 강론들을 모두 담아 놓았다. 교황은 이 책에서 이렇게 밝혔다.

"아무 두려움 없이 하느님의 성성聖性에 물들도록 우리 자신을 내맡기자."

성성은 어떤 특별한 일을 하는 데 있는 것이 아니라 하느님이 활동하시도록 모든 것을 맡기는 데 있다.

우리는 하느님의 영광을 위해, 그리고 이웃에게 봉사하기 위해 스스로 자애를 실천하고 모든 일을 기쁜 마음으로 행하며 겸손으로 행할 수 있도록 하는 데서 출발해야 한다.

세례를 받은 사람들이라면 누구나 죄를 거부하고 아무런 타협 없이 봉헌함으로써 자신의 소명을 완수하고, 자신의 영혼을 구하며, 그리스도의 빛 안에 잠기게 할 의무가 있다.

나무는 단지 살아 있기만 해서는 안 된다. 꽃을 피고 열매를 맺어야 한다. 모든 그리스도인은 성인이 될 것을 추구한다는 점에서 큰 의미를 지닌다.

개개인이 그러하다면 당연히 교회 역시 성인 됨을 준비하고 일깨워주는 학교이며 그런 바탕이 되어야 하며 스스로 정화되어야 할 것이다. 그래야 성聖 교회라는 말이 제 몸을 찾고 제 역할을 할 수 있게 된다.

교황은 이 책을 《자비의 교회》라고 이름 붙이고 '자비의 집'이라고 하면서 "자비의 집 안으로 들어오는 사람은 누구나 하느님의 자비를 느끼게 되고 스스로 포기하는 일도 없이 충만한 믿음의 의미를 깨닫고 발견할 수 있다."라고 설명하였다.

우리는 기쁜 마음으로 이 세상에 자비를 전하고 용서와 화해, 형제애와 사랑을 실천해야 하는 사명을 지니고 있다는 것이다.

교황은 이 책에서 이런 질문을 던졌다.

"나는 내가 속한 단체를 향해, 내 조국을 위해, 내 친구를 위해, 교회를 제 것처럼 사유화하는 사람은 아닌가? 이처럼 이기주의와 신앙의 부족으로 사유화된 교회를 바라보는 것은 매우 슬픈 일이다."

교황의 즉위 미사 강론
베드로 광장, 2013년 3월 19일

사랑하는 형제자매 여러분!

제가 베드로 직무를 시작하는 이 거룩한 미사를 보편 교회의 수호자이신 성 요셉 대축일에 거행할 수 있어서 주님께 감사드립니다. 이는 뜻깊은 우연의 일치입니다. 이날은 존경하는 전임 교황님의 영명 축일이기도 합니다.

우리는 넘치는 애정과 감사의 마음으로 기도하며 그분 가까이에 있습니다. 저는 먼저 형제 추기경님들을 비롯하여 주교, 신부, 부제, 수도자와 모든 평신도 여러분께 따스한 인사를 드립니다. 이 자리에 참석해 주신 다른 교회들과 교회 공동체들, 유다 공동체와 타종교의 대표 여러분께도 감사드립니다.

국가 원수와 정부 수장, 전 세계 각국 공식 대표단과 대표 여러분께도 진심 어린 인사를 드립니다. 오늘 복음에서 우리는 요셉이 주님의 천사가 명령한 말씀을 들었습니다.

이 말씀 안에서, 하느님께서 요셉에게 맡기신 사명, 곧 수호자, 보호자가 되라는 그 사명이 드러납니다. 요셉은 보호자의 역할을 어떻게 수행하였습니까? 이해하기 힘든 상황에서도 신중하고 겸손하게, 조용히, 그러면서도 온전히 성실하고 한결같이 함께 있으므로 수행한 것입니다.

요셉은 마리아와 예수님과 교회의 보호자가 되라는 부르심에 어떻게 응답하였습니까? 요셉은 끊임없이 하느님께 귀 기울이고 하느님 현존의 표징들에 마음을 열고 하느님의 계획을 받아들이며 자기 뜻대로 하지 않았습니다.

하느님께서는 사람들이 지은 집을 바라시는 것이 아니라 당신 말씀, 당신 계획에 충실할 것을 바라십니다. 하느님께서 직접 집을 지으십니다.

그러나 당신 성령의 인호가 새겨진 살아 있는 돌로 집을 지으시는 것입니다. 요셉은 '보호자'입니다. 하느님의 소리를 들을 수 있고 하느님의 뜻을 따르기 때문입니다.

그리고 바로 이러한 까닭에 요셉은 자신의 보호에 맡겨진 사람들을 더욱 세심히 보살피는 것입니다. 그는 현실적으로 사물을 바라볼 수 있습니다. 주변 사정에 밝습니다.

참으로 현명한 결정을 내릴 수 있습니다. 사랑하는 벗 여러분! 요셉 안에서 우리는 하느님의 부르심에 언제든 기꺼이 응답하는 법을 배웁니다. 그러나 또한 그리스도인 소명의 핵심을 봅니다.

그 핵심은 바로 그리스도이십니다. 창세기에서 이야기하고 아시시의 프란치스코 성인이 보여 준 대로 모든 피조물, 창조된 세상의 아름다움을 보호하는 것을 뜻합니다. 이는 하느님의 창조물 하나하나와 우리가 살아가는 환경을 존중하는 것을 의미합니다.

또한, 한 사람도 빠짐없이 모든 사람을 향하여, 특히 아이들, 노인들, 우리가 흔히 생각지 못하고 지나치기 쉬운 궁핍한 이들을 향하여 사랑의 관심을 보여 주면서 사람들을 보호한다는 의미입니다.

이는 가족이 서로서로 보살핀다는 의미입니다. 먼저 남편과 아내가 서로 보호하고, 그다음 부모로서 자녀를 돌보며, 자녀들 자신도 자기 부모를 보호하여야 합니다. 이는 우리가 신뢰와 존중과 선으로 서로 보호하며 참된 우정을 쌓는 것을 의미하기도 합니다.

결국, 모든 것이 우리의 보호에 맡겨져 있고 우리 모두가 이에 대한 책임을 지고 있습니다. 슬프게도 역사의 모든 시기마다 죽음의 음모를 획책하고, 파괴를 일삼고, 인간의 모습을 왜곡시키는

'헤로데'가 존재해왔습니다.

경제, 정치, 사회생활에서 책임 있는 지위에 있는 모든 선의의 사람들에게 간곡히 요청하고자 합니다. 피조물의 '보호자', 자연 안에 새겨진 하느님 계획의 보호자, 인간의 보호자와 자연의 보호자가 되도록 합시다.

이 세상이 나아가는 길에 파괴와 죽음의 징조가 따르지 않도록 합시다!

그러나 '보호자'가 되기 위해서는 우리 자신도 살펴보아야 합니다!

증오와 질투와 교만이 우리의 삶을 더럽힌다는 사실을 잊지 맙시다. 그래서 보호자가 되는 것은 우리의 감정과 마음을 살펴보는 것도 의미합니다. 그 안에 선의와 악의가 자리 잡고 있기 때문입니다.

이 의지는 건설하기도 하고 파괴하기도 합니다. 우리는 선함, 나아가 부드러움을 두려워하지 말아야 합니다! 여기에서 저는 한 가지 더 말씀드리고자 합니다. 돌보고 보호하는 데에는 선함이 필요합니다. 여기에는 어떤 부드러움이 요구됩니다.

복음에서 요셉 성인은 강인하고 용감한 사람, 노동자로 나오지만 우리는 그의 마음에서 커다란 부드러움을 봅니다. 이는 약자의 덕이 아니라 강한 성령의 표징이며, 관심, 연민, 타인에 대한 참다운 개방, 사랑의 능력입니다.

우리는 선함, 부드러움을 두려워하지 말아야 합니다! 오늘 우리는 요셉 성인의 축일과 더불어 베드로의 후계자인 새 로마 주교 직무의 시작을 축하하고 있습니다.

이 직무에는 어느 정도 권력도 있습니다. 예수님께서 베드로에게 사랑에 관하여 세 번 질문하신 다음에 세 번 강조하셨습니다. 내 어린 양들을 돌보아라. 내 양들을 돌보아라, 참다운 권력은 섬김임을 잊지 맙시다.

교황도 권력을 행사할 때에 십자가 위에서 가장 찬란하게 빛난 섬김 안으로 더욱 온전히 들어가야 합니다. 요셉 성인처럼 교황도 팔을 벌려 하느님의 모든 백성을 보호하고 모든 인류를, 특히 가장 가난하고, 가장 힘없고, 가장 보잘것없는 이들을 부드러운 사랑으로 끌어안아야 합니다.

희망이 없어도 희망합니다! 오늘날에도 커다란 어둠 속에서 희망의 빛을 볼 필요가 있습니다. 다른 이들에게 희망을 전해 주는 사람이 될 필요가 있습니다. 피조물을 보호하는 것, 모든 사람을 보호하는 것, 그들을 부드러움과 사랑으로 돌보는 것은 희망의 따스함을 전하는 일입니다!

성모님과 함께 예수님을 보호하기, 모든 피조물을 보호하기, 모든 사람, 특히 가장 가난한 사람들을 보호하기, 우리 자신을 보호하기, 이는 로마의 주교가 수행하도록 요청받은 봉사입니다. 이 봉사는 또한 희망의 별이 밝게 빛나도록 하기 위하여 우리 모두가 요청받은 것이기도 합니다.

우리에게 주신 모든 것을 사랑으로 보호합시다! 동정 마리아, 요셉 성인, 베드로와 바오로 성인, 프란치스코 성인의 전구로 성령께서 저의 직무에 함께 하시기를 빕니다. 그리고 여러분 모두 저를 위하여 기도하여 주십시오! 아멘.

04 세계 청년대회 폐막 미사 강론

리우데자네이루, 2013년 7월 28일

형제 주교들과 사제들, 친애하는 젊은이들이여!

가서 모든 민족을 제자로 삼아라.

이 말씀과 함께 세계 청년대회에 참석하여 이 지구상의 사방에서 온 젊은이들과 함께 신앙을 실천하는 것은 경이로운 일이지만, 이제 여러분은 떠나야 하고 이 경험을 여러 사람들과 나누어야만 합니다.

오늘 우리는 주님께서 우리에게 말씀하시고자 하는 것이 무엇인지 들었습니다. 그것은 세 가지 단순한 주제, '가라', '두려워하지 마라' 그리고 '봉사하라'입니다.

1. '가라'

여기서 지내는 동안 신앙이 주는 기쁨의 맛과 사람들이 예수님을 만나는 경이로운 경험을 즐길 수 있었습니다.

그러나 이 만남의 경험을 여러분의 삶, 작은 본당, 운동 혹은 공동체 안에서만 간직하지는 말아야 합니다.

이것은 강렬하게 타오르는 불길에서 산소를 빼앗는 것과 같은 일입니다. 신앙은 나누고 전달해야 더 강하게 성장합니다.

교회에는 여러분의 열정, 창의성, 그리고 기쁨 등이 필요합니다. 젊은이들이여! 복음화하기 위해 가장 좋은 도구가 무엇인지 아십니까?

바로 다른 젊음입니다. 이것이 우리가 따라가야 할 길입니다.

2. '두려워하지 마라'

어떤 사람이 이렇게 생각할지도 모릅니다.

"나는 특별히 준비가 되지 않았는데 어떻게 복음을 선포할 수 있을까?"

나의 친애하는 친구들이여! 여러분의 두려움은 여러분과 같은 젊은이이었던 예레미야 예언자가 하느님의 부르심을 받았을 때 가졌던 두려움과 별로 다르지 않습니다.

두려워하지 마십시오! 여러분이 그리스도를 포교하러 갈 때 그분께서 친히 우리보다 먼저 가시고 우리를 인도하십니다.

여러분에게 당부하고자 합니다. 여러분들은 젊은이들과 동반하여 이곳에 왔습니다. 그들과 함께 신앙의 경험을 나누는 것이 얼마나 경이로운 일입니까! 하지만 이제 여정의 단계가 시작되었습니다. 혼자라는 것을 결코 느끼지 않게 해 주십시오.

이 시점에서 나는 젊은이들이 교회의 일원으로서 경험하도록 동반하는 이 운동과 새로운 공동체를 이끄는 청년 사도직을 수행하는 사목자들에게 진심으로 감사를 드립니다.

그대들은 아주 창조적이고 대담합니다. 이것을 계속 가지고 두려워하지 마십시오!

3. '봉사하라'

예수님의 삶은 다른 사람을 위한 삶입니다. 이것이 봉사의 삶입니다. 예수님을 선포하기 위하여 바오로는 모든 사람의 종이 되었습니다. 이것은 이기심을 극복하는 것이고 우리 형제들의 발을 씻어주기 위해 허리를 굽혀 봉사하는 것입니다.

이 세 주제들, '가라', '두려워하지 마라', '봉사하라'를 실천합시다. 이 세 주제를 따른다면 복음화하는 사람이 복음화를 경험하는 것이 되고 신앙의 기쁨을 전달하는 경험을 경험할 것입니다.

젊은이들이여! 고향으로 돌아가서 그리스도와 함께 관대해지기를 두려워하지 말고 그분의 복음을 증언하십시오. 성모 마리아께서 항상 자애로우심으로 여러분과 동반하실 것입니다.

가서 모든 민족을 내 제자로 삼아라! 아멘.

노동자들을 위한 강론

05

사디니아 섬 노동자들과의 만남,
2013년 9월 22일

사람과 노동을 중심에 되돌려 놓으십시오!

저는 단순하지만 핵심적인 사항 세 가지를 여러분과 나누고자 합니다.

첫째, 사람과 노동을 중심에 되돌려놓으십시오. 경제 위기는 유럽의 차원과 세계의 차원을 갖고 있습니다. 그러나 위기는 경제뿐만 아니라 윤리, 영성, 인간의 위기이기도 합니다. 이 위기의 뿌리에는 개인들과 권력 집단 모두에게서 공동선에 반하는 행위들이 있습니다.

그러므로 여태까지 중심에 자리하고 있는 소득과 이익의 법칙을 밀어내고 사람과 공동선을 중심에 되돌려 놓을 필요가 있습니다. 인간의 존엄성과 관련해서 가장 중요한 요소는 분명히 노동입니다.

인간의 참된 발전이 이루어지려면 노동이 보장되어야 합니다. 노동을 보장하는 이 과업은 사회 전체의 의무입니다. 이러한 이유로 우리는 고용을 보장하기 위해 모든 위험을 감수하면서도 열심히 일하고 있는 사업가들의 큰 공을 인정해야 합니다.

사회적 지원의 문화와 함께 형성되는 노동의 문화는 젊은 시절부터 이루어지는 노동 교육, 노동의 지침, 모든 노동 활동에 대한 존엄성, 분담 노동, 그리고 모든 불법 노동의 퇴치 등을 수반합니다. 사회 전체와 모든 구성원은 존엄성의 원천인 노동을 주요 관심사로 삼을 수 있도록 가능한 모든 노력을 기울여야 합니다.

더욱이 여러분의 섬 생활 조건은 모든 이에게 이 공동의 노력이 더욱 중요하다는 것을 보여주며, 특히 정치 및 경제 기구들의 역할이 중요하다는 것을 보여줍니다.

둘째, 희망의 복음을 나누고 싶습니다. 사디니아 섬은 인간과 환경 자원을 가진 하느님께서 축복하신 땅입니다. 그러나 이탈리아의 다른 지역과 마찬가지로 이곳 역시 새 출발을 위한 새 동력이 필요합니다.

그리고 그리스도인들은 특별히 생명의 복음적 비전을 갖고 자신들의 역할을 수행할 수 있고 또 그렇게 해야만 합니다.

저는 베네딕토 16세 교황이 2008년 카글리어리를 방문했을 때 하신 말씀을 상기합니다.

"우리는 노동의 세계, 경제의 세계, 정치의 세계를 복음화할 수 있어야만 합니다. 윤리 의식을 갖춘 유능하고 헌신적인 새로운 평신도 세대가 지속 가능한 발전의 해법을 찾을 수 있어야 합니다. 노동, 경제, 정치 분야의 복음화를 위해서는 반드시 이들이 필요합니다."

사디니아의 주교님들은 이런 상황들에, 특히 노동의 복음화에 특별한 관심을 기울이고 있습니다.

친애하는 주교 여러분! 여러분은 진지하고 현실적인 식별의 필요성을 제시하지만, 그것은 여러분들이 이번 방문에 내놓은 메시지에서 밝힌 것처럼, 희망의 여정을 향하고 있기도 합니다.

희망이야말로 중요하며, 올바른 태도입니다. 현실을 직시하십시오. 현실을 연구하십시오. 현실을 이해하십시오.

이 모든 것을 통합할 방법을 찾으십시오. 이때 협력과 대화의 방법을 사용해야 합니다. 희망을 불러일으키기 위해 서로 결합하십시오. 절대로 희망을 흐리게 하지 마십시오. 희망을 낙관주의와 혼돈하지 마십시오. 낙관주의는 심리적인 태도를 나타낼 뿐입니다. 희망을 다른 것들과도 혼돈하지 마십시오. 희망은 창조적입니다. 희망은 미래를 창조할 수 있습니다.

셋째, 모든 사람을 위한 품위 있는 노동에 대해 나누고자 합니다. 희망에 개방된 사회는 사회 자체를 위해 폐쇄되어 있지 않습니다. 폐쇄된 사회는 그 안에서 소수의 이익을 옹호할 뿐입니다.

희망에 개방된 사회는 공동 선의 관점에서 앞을 내다봅니다. 그리고 이는 모든 부문에서 강한 책임감을 요구합니다. 모든 사람을 위한 품위 있는 고용이 없다면 사회적인 희망은 없습니다.

이런 이유로 우리는 계속해서 모든 사람을 위한 안정적 고용을 달성하는 것을 최우선으로 삼아야 하며, 혹은 그것을 유지해야만 합니다.

저는 '품위 있는' 노동을 말했고, 이를 강조합니다. 불행히도, 특히 위기가 발생하고 빈곤한 자가 긴급할 때에 비인간적인 노동, 노예 노동, 적절한 안전장치가 없는 위험한 노동, 모두를 존중하지 않는 노동, 혹은 휴식이나 예배 그리고 가정생활에 대한 존중이 없는 노동, 그리고 필요하지 않은 때의 주일 노동 등이 증가하기 때문입니다. 또 노동은 세상 만물의 보존과 결합되어야 하며, 이는 미래 세대들을 위하여 책임감 있게 수호되어야 합니다.

모든 세상 만물은 인간이 마음대로 착취해도 좋은 것이 아니라, 인간이 돌보아야 할 하느님의 선물입니다. 생태적인 삶은 그

자체로 에너지 문제나 여러 형태의 오염의 예방과 제거, 여러분의 유산인 삼림지대의 산불에 대한 경계 등과 같은, 그것에 연관된 분야들에 대한 새로운 관심을 갖게 합니다.

세상 만물을 돌보는 것과 품위 있는 노동을 통해 인간을 돌보는 것이 공동의 과제가 되기를 기원합니다. 자연 생태계, 그리고 '인간 생태계'도 마찬가지입니다.

친애하는 친구 여러분! 저는 우리 주님과 성모님 손에 여러분의 모든 걱정들과 근심들을 봉헌하면서 특히 여러분과 함께 하고 있습니다. 복자 요한 바오로 2세 교황께서는 예수님은 '당신의 손으로 일하셨다. 실제로 육체노동이었던 그분의 노동은 지상에서 그분 삶의 대부분을 차지했고, 그렇게 인간과 세상의 구원 사업에 들어오셨다.'라고 강조했습니다.

근면과 헌신, 그리고 능력으로 자신의 노동에 전념하는 것과 노동에 익숙해지는 것은 중요합니다.

저는 무상의 증여와 연대성의 논리에 따라, 지금 같은 부정적인 국면에서도 무상의 증여와 연대성이 드러날 수 있으며, 그럼으로써 안전하고 품위 있으며 안정적인 고용이 보장될 수 있게 되기를 희망합니다.

한국인에게 주는 메시지

06

"한국인들이여! 일어나라. 은총이 비추리라!"

'사랑', '기쁨', '자비'를 생활의 목표로 삼고 실천해가는 프란치스코 교황은 새로운 유행어를 만들어 내는 교황으로 유명하다. 교황이 만들어 내는 유행어는 평범하면서도 유머 감각이 뛰어나고 새로운 이미지가 넘쳐 가톨릭 교회뿐만 아니라 지구촌 사람들에게 큰 인기를 끌고 있다.

교황은 만나는 사람들과 이야기를 할 때마다 반드시 "용기를 가지고 앞으로 나아가세요!"라고 격려하고 헤어질 때에는 "우리 또 만나요!", "여러분! 저를 위해 기도해 주세요. 나도 여러분을 위해 항상 기도합니다."라고 말한다. 그래서 '용기를 가지고 앞으로', '또 만나요', '저를 위해 기도해주세요'라는 세 가지 당부의 말을 교황의 3대 유행어라고 지구촌 사람들이 일컫는다.

성경 말씀 요한복음 가운데 '저를 믿는 자마다 멸망하지 않고 영생을 얻으리라'는 구절이 있는 것처럼 교황은 '저'라는 말을 무척 강조하고 있다.

교황이 들려주는 이야기들은 간결하고도 부드럽고 이해하기 쉬운 말이어서 마치 친구들과 대화하는 것 같아 좋다. 그래서 이야기의 전달 능력이 매우 뛰어난 소통의 달인이라는 평가를 받는다.

교황은 지난 봄 성 밸런타인 축일祝日인 밸런타인데이 때 약혼자들의 모임에서 인생이 앞으로 살아가는데 꼭 명심해야 할 세 가지를 당부하였는데, 그 세 가지는 첫째 "~해도 될까요?", 둘째 "고마워요!", 셋째 "미안합니다!"라는 것이다.

그리고 여기에 더 추가하여 "용서를 청하지 않은 채로 하루를 보내지 마라.", "가족들이 서로 평화를 축원하여 주지 않고 하루를 보내지 마라."라고 당부하였다.

교황은 "우리에게 일용할 양식을 주십시오!"라는 주기도문을 "우리에게 일용할 사랑을 주십시오!"라고 바꿔 기도하라고 주문하여 밸런타인 축일에 참석한 젊은이들에게 뜨거운 박수를 받았다.

교황의 재미있는 유머는 가는 곳마다 넘쳐 난다. 성 프란치스코 축일 아시시를 방문한 자리에서는 "이 비밀을 기억하세요! 하느님은 악함과 어둠을 함께 걱정하신다. 여러분들 이 말을 믿나요?"라고 질문했다. 사람들이 "예! 믿습니다."라고 대답하자, "그 믿음을 일상생활에서 꼭 실천하세요!"라고 당부하면서 환호하는 사람들에게 두 손을 흔들었다.

교황은 가톨릭 교회는 잘못 흘러가는 권위의식이나 세속적인 묵은 때를 용감하게 벗어버려야 한다. 그런 생각을 한다는 것 자체가 우상이라고 꼬집었다.

사람은 누구나 남을 헐뜯는 험담을 하기 쉽다. 그런 생각음을 갖지 말고 그런 마음을 다스릴 수 있는 사람은 스스로 성인이 될 것이라고 강조하였다.

대한민국 방문을 앞두고 프란치스코 교황은 교황청에서 어린 학생들이 수학여행 길에 숨진 세월호 침몰 대참사와 관련하여 세 번째 애도를 표하면서 "한국인들이여! 일어나라. 은총이 비추리라!" 위로하고, 한국 천주교에 대해 특별한 말을 하여 관심을 끌었다.

"저는 하느님에게 모든 한국 사람들의 선익善益을 위해 한반도에 화해의 선물을 간곡히 청원 드린다. 한국 사람들 모두가 윤리적으로 그리고 영적靈的으로 새로 태어나 축복받기를 진심으로 바란다. 특히 한국은 평신도들에 의하여 복음이 전파된 독특하고도 유일한 가톨릭 역사를 지닌 나라이다. 그런 역사 위에서 수많은 순교자가 생겨 가슴 아픈 역사를 지니고 있다. 한국의 많은 순교자는 하느님께서 이루신 기적이다. 한국인들이여! 일어나라, 은총이 비추리라!"

부록

1. 교황과 바티칸의 역사

로마는 거대한 지구 박물관

"모든 길은 로마로 통하고, 로마는 영원하며, 살아 있는 거대한 지구 박물관이다!"

세계 최대의 관광지 로마를 일컫는 말이다. 언제 가 봐도 가슴 설레는 보물창고와 같은 도시, 역사의 도시, 예술의 도시, 기적의 도시, 성당의 도시가 바로 로마다. 로마 안에서도 가장 보배로운 곳, 거대한 보물창고가 바티칸이다.

그래서 로마와 바티칸에 들어서면 누구나 흥분하고 열망하며 감탄하게 된다. 수많은 조각품, 진귀한 미술품, 엄청난 건축물 앞에서 발걸음을 멈추고 경건한 마음으로 성스러움을 느끼면서 2000년 세월이 그대로 살아 숨 쉬는 도시 속으로 깊숙이 빠져들게 된다.

시스티나 대성당의 벽화 '최후의 만찬'과 천장화 '천지창조'를 보면서 창세기의 역사를 다시 더듬게 되고, 시대와 공간을 초월한 바티칸 궁전에 안겨 우주로 여행하는 착각에 잠긴다.

아담과 이브, 금단의 사과, 원죄의 낙원, 나체의 젊은 조각상들, 예언자들, 노아의 대홍수 등의 신화적 이야기들이 전설 속의 이야기가 아니라 현실 세계의 단면을 상징하는 실화와 같다.

더구나 바티칸 궁전은 교황이 머무는 거처가 아니라 종교의 총체적 박물관이라고 느껴진다. 바티칸의 품에 안기면 누구나 성인이 되고 신선이 되어 하늘과 교감할 것 같은 경외감에 사로잡힌다.

그리스도의 열두 제자 가운데 한 사람 성 베드로가 지상의 절대 폭군 네로 황제에게 모진 박해를 받다가 순교한 무덤 위에 세운 성 베드로 대성당은 세계 최고 최대의 성당이며, 그 성당과 교황청을 이어주는 성 베드로 광장은 인간이 만든 위대한 걸작품이다.

세계 제일의 고적과 예술의 도시 로마와 그 도시 속에 작은 나라 바티칸시국을 짧은 여행 일정으로 둘러보면서 참모습을 느끼고 매력에 도취 된다는 것은 처음부터 불가능하다.

고대 로마 시대로부터의 오랜 역사와 문화를 지키고 번영해온 도시라 '영원한 도시'라는 명칭이 붙어 있다.

로마는 기원전 753년 테베르 강변 팔라티노 언덕에 세워진 도시다. 그로부터 캄파돌리오 등 일곱 개의 언덕을 중심으로 발전하였던 고대 도시국가의 중심지였다.

지금은 이탈리아의 수도이면서 도시 안 서쪽에 독립 국가인 바티칸 시국으로 형성되어 있다.

로마는 왕정 시대 이후 공화정·제정 로마를 거쳐 중세·르네상스 시대로 이어지면서 흥망과 발전을 거듭해 왔다.

1929년 교황청을 대표한 가스파리 추기경과 이탈리아 파시스트 정부 수상인 무솔리니 사이에 라테란 조약을 맺음으로써 로마 도시 속의 도시국가 바티칸이 독립 국가로 세워진 것이다.

교황의 역사

교황 제도는 예수와 베드로의 대화에서 시작되었다.

최초의 교황은 성 베드로였다. 제1대 성 베드로 교황은 예수 그리스도로부터 '하늘의 열쇠'를 받고 교황에 취임한 것으로 알려졌으나 즉위 연도 기록은 분명하지 않으나 64년에 교황이 되고 68년경에 순교한 것으로 알려졌다.

특이한 점은 로마 교황마다 라틴어를 공식 명칭으로 삼고 있다는 점이다.

초대 교황 성 베드로의 라틴어 교황명은 St. Petrus. 제2대 성 리노 교황(67~76년), 제3대 성 아나클레토 교황76~88년으로 이어진 뒤, 제266대 프란치스코 교황2013년, 현재에 이르렀다.

교황을 '포프 Pope'라고 호칭하는 것은 5세기 중엽부터 '믿음의 아버지'로서 부르기 시작한 것이다.

포프라는 말은 그리스어의 파파스Papas, 아버지에서 유래되었다.

그러나 로마 주교 이외에 다른 주교가 '포프 Pope, 믿음의 아버지'라고 호칭하는 것을 금지시켰다.

여성들도 다양한 모습으로 교황사에 등장한다. 존경받던 한 수도사가 요한나라는 이름으로 여성 교황이 되었다고 하는데, 아직도 그 수수께끼는 풀리지 않고 있다.

교황의 통계도 무척 흥미롭고 다양하다. 역사상 266명의 교황이 탄생하였지만, 정식 선출 과정을 거치지 않고 교황임을 주장했던 대립 교황도 39명이나 된다.

역대 교황 가운데는 4명이 사퇴하고, 5명은 감옥에 갇혔으며, 5명은 살해되었다. 1명은 파면되고 1명은 대중들에게 몰매를 맞아 죽었다.

역대 교황 중 가장 오랫동안 교황을 지낸 사람은 제255대 비오 9세로 31년 7개월 동안 교황으로 재임하였다. 재임 기간이 가장 짧았던 교황은 제92대 스테파노 2세로 단 4일이었다. 그는 교황에 선출된 뒤 뇌출혈로 사망했다.

가장 젊은 나이에 교황이 된 사람은 제138대 그레고리오 5세로 24세 때에 교황이 되었으나, 2년 9개월 만에 병으로 사망했다.

성 베드로

1세기 중엽 원시 그리스도교 시대 예수의 열두 제자 가운데 가장 중요한 인물로, 바울로와 더불어 초대 교회에서 대표적인 역할을 하였다.

본래 이름은 케파인데, 이 말의 뜻이 바위를 의미한다 하여, 그리스 말로 바위를 가리키는 베드로로 불리면서 이름이 되었다고 전한다.

어부 출신인 베드로는 고기를 잡다

가 예수를 만나 제자가 되고, 예수의 대변자로 활동하였다. 유대인 그리스도 교도를 대표한 인물로 예루살렘 교회를 조직하고 전도에 힘썼으며, 로마에서 순교한 것으로 알려졌다.

가톨릭 교회에서는 그를 로마의 초대 주교, 곧 교황으로 받들고 있다.

바티칸시국

교황청이 있는 로마 시내의 도시국가이다.

로마의 1구를 차지한 세계에서 가장 적은 독립 국가로 1929년 탄생되었다.

면적 0.44㎢, 인구 1080여 명. 화폐는 바티칸 리라 및 이탈리아 리라를 공용으로 사용한다.

세계에서 역사적 유물 유적이 풍부한 로마 시내에 자리 잡은 바티칸 시국에는 성 베드로 대성당으로 불리는 산 피에트로 대성당을 비롯하여 바티칸 궁전, 바티칸 도서관과 미술관 등 세계적 유물들이 즐비하다.

특히 미켈란젤로의 위풍당당한 천장화 '천지창조'와 '최후의 심판' 벽화로 유명한 시스티나 성당시스틴 성당이라고도 함은 교황 선거, 추기경 회의 등 교황청의 주요 행사들이 펼쳐지는 장소이다.

바티칸은 '예언자들'이라는 말의 바티Vati에서 유래되었다.

교황이 직무를 수행하는 기관을 로마 교황청, 또는 교황청이라고 하며, 교황과 교황청을 합쳐서 교황좌라고 부른다.

국제연합UN에서 부르는 공식 명칭은 교황좌教皇座이다.

도시 대부분이 고대와 중세 및 르네상스 시대의 성벽으로 둘러싸여 있고 6개의 성문이 있다.

교황 궁전인 바티칸 궁전은 로마 서쪽 성 베드로 광장에 이어 지은 산 피에트로 대성당과 연결되어 있다.

2. 한국 가톨릭의 역사

천주교 전래와 모진 박해

한국 가톨릭 역사는 1603년 중국 베이징에서 중국 신부들이 12가지 기도문을 가지고 와 전파하기 시작한 것이 처음이라고 알려져 있다.

그 뒤 병자호란 때 조선 왕조의 제16대 임금 인조의 장남인 소현세자가 볼모로 청나라에 잡혀갔다가 베이징에서 돌아올 때 여러 권

의 천주교 관련 책을 가지고 옴으로써 천주교가 태동되었다고 보고
있다.

조선 제21대 임금인 영조재위 1724~1776년 말기에 조정에서 물러난
이벽·권일신·이가환 및 정약종·정약전·정약용 3형제 등이 천주
교를 학문으로 연구하면서 보급되었으나 조선 왕조로부터 탄압에
시달렸다.

그 뒤 한국 최초의 가톨릭 영세 신자가 되고 조선천주교회를 창설
한 이승훈, 한국 최초의 김대건 신부 등이 탄생되면서 천주교 보급
운동이 펼쳐졌지만, 역시 국가에서 탄압하면서 모진 박해를 받아 제
대로 뿌리를 내리지 못하였다. 이승훈과 김대건은 모두 순교하였다.

한국 천주교의 박해는 천주교가 전래된 이후 1791년 윤지충 등이
순교한 신해년 박해, 1801년 이가환·정약종 등을 참수하고 정약용
등을 귀양 보낸 신유년 박해, 1831년 천주교를 사학邪學으로 탄압한
병인년 박해, 1839년 권인득·앵베르·모방·샤스탕 등 70여 명을
참수한 기해년 박해, 1866년 병인년에 프랑스 선교사와 한국인 신도
등 6,000여 명을 처형한 대원군의 탄압 등 여러 차례의 박해를 거치
면서 천주교 신자라는 이유만으로 1만여 명이 순교하는 비극을 겪
었다.

조국 광복 후에야 비로소 종교로서 자유로운 포교가 이루어졌다.

천주교 순교자들 대부분이 무명 순교자인 신앙 선조들 중에서 기록이 남아 있는 분들을 찾아 교황청에 시복 시성을 청원해 오고 있으며, 지난 1984년 요한 바오로 2세 교황 방한 때에 103위 시성식이 있었다.

우리나라 역사 속에는 한글을 창제한 세종대왕, 임진왜란 때 왜적을 물리친 충무공 이순신 장군, 만주 하얼빈에서 한국 침략의 원흉인 일본의 이토 히로부미를 저격하고 민족의 정기를 드높인 영웅 안중근 의사 등 수많은 위인이 있다.

종교를 위해 순교한 많은 사람들 가운데는 신라 법흥왕 때 불교의 공인을 위해 목숨을 내놓은 이차돈, 우리나라 최초의 신부로 조선 시대 천주교 박해에 온몸으로 저항하다가 1846년 25세의 젊은 나이로 한강변 새남터에서 순교한 김대건 신부 등이 특히 유명하다. 또한, 어머니의 장례를 천주교 의식으로 치렀다 하여 처형을 당한 한국 최초의 가톨릭 순교자 윤지충도 빼놓을 수 없다.

그 밖에도 조선 시대 때 가톨릭에 관한 천주학天主學에 힘쓴 사람으로는 이벽 · 권신일 · 이가환 및 정약용 · 정약전 · 정약종 3형제 등 여러 명이 있다.

이들은 한국에서 천주교가 태동하는 데 큰 역할을 한 사람들이다. 특히 김대건 신부는 1925년 로마 교황청으로부터 성인聖人에 버금

가는 복자로 인정하는 시복식을 받았고, 1984년 5월 한국을 방문한 요한 바오로 2세 교황으로부터 여의도 광장에서 성인으로 시성되었다.

이처럼 우리나라 가톨릭은 교황청과 매우 돈독한 역사를 지니고 있다.

한국의 순교자 성지

한국의 천주교 성지는 서울 마포의 절두산 순교 기념관을 비롯해 충남 당진의 솔뫼와 서산의 해미 성지, 충북 제천의 배론 성지, 경기도 광주의 천진암 사적지와 남한산성 순교 성지 등 곳곳에 많다.

교황 바오로 2세는 천진암 사적지를 방문하였고, 프란치스코 교황은 특별히 충남 당진의 솔뫼와 서산의 해미를 직접 방문하는 교황으로 이름을 올렸다.

서해안의 충남 당진군 솔뫼는 한국 최초의 천주교 사제인 김대건 신부 생가가 있는 성지이다. 또 충남 서산의 천주교 해미 순교 성지에는 무명의 순교자들이 생매장당한 슬픈 역사가 고스란히 녹아 있는 곳이다.

먼저 솔뫼는 한국 가톨릭의 과거와 미래를 다시 살펴보는 역사의 현장이다.

해미 성지에서는 수많은 천주교 교인이 가톨릭을 위해 목숨을 바친 참극의 현장에서 순교자들의 숭고한 정신을 기리고, 다블뤼 주교 시성 30주년 기념하는 기념관 축복식도 있었다.

충남 당진의 합덕성당은 내포內浦 지역의 첫 성당이자 충청도 천주교회의 본당으로 1890년 주임 신부 파견으로 설립된 역사적인 곳이다. 양관洋館으로 불렸던 이 성당은 종탑을 쌍탑으로 세운 것이 특징이다.

"프랑스의 유명한 화가 밀레의 그림 '만종'이 바로 우리 마을 아닌가요. 옛날부터 논밭에서 일하다가도 성당 쌍탑의 종이 울리면 삽과 호미를 모아두고 모여 들어 삼종 기도를 올렸대유."

당진 주민의 95%가 천주교 신자이다. 그들은 쌍탑의 종소리가 울리면 일하다가 말고 합덕성당으로 모여들었다는 전설이 내려온다.

성당 관할 지역에는 순교자가 없는 마을이 없을 정도이다. 이 시골 성당 한 곳에서 배출된 신부와 수녀만 100명이 넘는다.

이곳은 고려 때부터 내포內浦라는 이름으로 불렸다. 내포는 바다나 호수가 육지 안으로 휘어들어간 지역이란 뜻이다. 그런 지리적 여건 때문에 예부터 바닷길로 사람과 문물이 들고 나는 창구였다. 고려 말에는 성리학 수용을 주도했고, 조선 후기에는 실학자가 많이 나왔다. 근대화 과정에서도 많은 인물을 배출한 곳이다.

합덕성당에서부터 한국인 최초의 사제 김대건1821~1846 신부의 생가 터인 솔뫼 성지까지는 걸어서 한 시간쯤 걸리는 순례길이 이어진다. 솔뫼 성지는 김대건 신부의 고조와 증조, 할아버지에 이어 아버지 김제준까지 4대에 걸친 순교자가 살던 곳이다. 이 집안에서만 11명의 순교자가 나왔다.

소나무 언덕이란 뜻의 솔뫼 성지는 김대건 신부상, 기념 성당과 기념관, 솔뫼 아레나 등으로 조성되어 있다. 기념 성당과 기념관은 김대건 신부가 중국 상하이에서 사제품을 받고 귀국할 때 타고 온 라파엘호를 현대적으로 재해석해 형상화했다. 침몰 위험을 안고 떠난 작은 돛단배가 폭풍우에 돛이 찢기고 키가 부러졌지만 무사히 돌아왔듯이 한국 천주교도 모진 박해를 이겨내고 성장했음을 뜻한다.

라파엘호는 원래 바다가 아니라 강에서 운행하도록 만든 작은 돛단배였다.

1836년 열다섯 살 소년 김대건은 파리 외방전교회 모방Maubant 신부에 의해 신학생으로 뽑혀 최양업·최방제와 함께 반년 동안 마카오까지 걸어가 유학하고 상하이에서 사제품을 받았다.

1845년 귀국해 선교 활동을 하다 이듬해 9월 목이 잘리는 효수형에 처해졌다. 사제 생활을 시작한 지 겨우 1년 한 달 만에 순교했다. 그의 나이 스물다섯 살 때였다.

라틴어와 프랑스어·영어·중국어 등 5개 국어에 능통했던 김대건 신부는 조선 시대의 계급 사회에서 모든 사람의 평등을 꿈꾼 자유사상가이자 종교 선각자였다.

당진의 솔뫼 옆 신리 성지는 단일 마을로는 한국에서 가장 많은 순교자가 나온 곳이다.

400명을 헤아리던 신리의 신앙 공동체는 1866년 병인박해 이후 초토화되다시피 했던 곳이다.

충남 당진 옆 서산시 해미 진둠벙, 여숫골, 숲정이 순교 성지에는 슬픈 역사가 고스란히 녹아 있다. 무명의 순교자들이 생매장을 당한 곳이기 때문이다.

진둠벙은 해미읍성의 처형장이 넘쳐나자 두 팔이 묶인 신자들을 둠벙웅덩이의 충청도 사투리에 마구잡이로 밀어 넣어 생매장했다는 데서 붙여진 이름이다.

여숫골은 순교자들이 생매장터로 끌려가면서 "예수, 마리아!"라고 부르짖던 것을 지켜보던 사람들이 "여수여우 머리"로 잘못 알아들은 데서 생겼다.

숲정이는 병인박해1866~1868년 당시 나무가 우거졌던 곳이다.

마을 사람들이 땅을 일굴 때 수없이 많은 유해가 나왔는데 뼈들이 수직으로 선 채로 발견됐다고 전해진다.

해미는 초기에 천주교가 전파된 내포의 여러 고을 중 유일하게 병영이 들어선 군사 요충지였다.

1790년대부터 100년 동안 천주교 신자 3,000여 명을 국사범으로 몰아 처형한 끔찍한 곳이다.

어린이들의 치아도 많이 발굴된 해미 성지에는 신자들을 오랏줄로 묶어 곡식 타작하듯 내동댕이쳐 죽였던 돌다리의 자리개 돌도 원형 그대로 보존돼 있다.

한국의 천주교 순교 사건은 당진-서산 지역에서 활동하였던 다블뤼 주교가 초창기 한글 교리서를 저술하고 조선 교회의 상황과 순교 사적을 수집 정리하여 파리 외방선교회로 보낸 것이 근거가 되어 교황청에 알려졌다.

이 자료가 훗날 한국 천주교회사와 순교사의 토대가 된 '다블뤼 비망기'이다.

먼저 시복된 한국의 103위 성인과 이번에 추가로 하는 124위의 시복 시성의 결정적인 근거 자료가 된 것이다.

교황의 한국 방문 약사

로마 교황의 한국 방문은 1984년 요한 바오로 2세가 처음이었다. 제264대 교황이었던 요한 바오로 2세 교황은 1984년 시상식 때에 처음 방한한 뒤, 1989년 성체대회 때에도 우리나라를 방문했다.

그리고 2014년 8월 제266대 프란치스코 교황이 한국을 방문하였다. 특히 프란치스코 교황의 방한은 한국 가톨릭 역사와 함께 길이 빛나는 이정표를 세웠다.

프란치스코 교황의 한국 방문은 요한 바오로 2세에 이어 두 번째이나 교황 방문 기록으로는 세 번째 일로 매우 역사적이다.

종교와 종파를 떠나 소탈한 사랑의 실천으로 세계의 많은 사람으로부터 '1년 만에 세상을 바꾼 사람'으로 존경받는 프란치스코 교황은 2014년 8월 14일부터 8월 18일까지 우리나라를 공식 방문하여 환영과 사랑을 한몸에 받았다.

프란치스코 교황은 이번 한국 방문에서 무척 바쁜 일정을 보내며 한국 천주교에 깊은 관심을 보였다.

순교자 124위 시복식을 주례하고 이어서 대전교구에서 개최한 제6회 아시아 청년대회에 참석하고, 청와대로 가서 박근혜 대통령을 예방하고 한국주교회의에서 강우일 베드로 의장 등 주교단과 만남의 행사를 가졌다.

둘째 날은 대전 월드컵경기장에서 성모 승천 대축일 미사를 집전하고, 제6회 아시아 청년대회 참가자와 일반 신자 등 5만여 명의 환영을 받고 격려한다.

우리나라 최초의 사제로 1845년 상하이에서 서품을 받은 뒤 천주교 박해 때 순교한 성 김대건 신부의 생가 충남 당진 '솔뫼 성지'에서 청년들과 문화 프로그램을 함께하였다.

셋째 날은 광화문에서 순교자 124위 시복식을 집전하였다. 이날 윤지충 바오로와 동료 순교자들의 시복식에는 신자 등 35만여 명이 참석하였다.

시복식은 신앙을 위해 목숨을 버린 선조들을 복권시키는 계기이다. 그분들은 대부분 제사를 지내는 문제와 관련돼 희생됐다.

윤지충 1759~1791년은 《목민심서》를 지은 정약용의 외사촌으로 천

| 전주성당 순교터에 있는 한국 최초의 순교자 윤지충 바오로와 권상연 야고보상

주교 신자가 되어 바오로라는 이름으로 세례를 받았는데, 어머니의
장례를 천주교 의식으로 치렀으므로 국법을 어겼다 하여 처형을 당
한 한국 최초의 가톨릭 순교자이다.

교황 방한은 가난한 사람들에 대한 우리 사회의 관심이 높여주는
절호의 기회다. 가난한 사람들을 존중하는 행동은 그리스도교의 임
무 중 하나다. 가난의 원인에 대한 저항과 투쟁이 그리스도교 신앙
에서는 매우 중요한 위치를 차지한다.

그리고 충북 음성 꽃동네를 방문하고 수도자와 장애인, 평신도 대표를 만나 격려하였다.

넷째 날은 충남 해미 성지에서 아시아 주교단과 만나 사랑과 평화를 나누었다.

교황은 해미읍성에서 아시아 22개국 5,000여 명이 참석한 아시아 청년대회 폐막 미사를 집전하였다.

한국 천주교의 본산이며 서울 대교구 주교좌 성당인 명동 대성당에서 평화와 화해를 위한 미사를 집전하고, 4박 5일의 방한 일정을 마무리하였다.

한국의 추기경

우리나라 성직자로 첫 추기경이 된 사람은 김수환 추기경이었다. 1969년 대주교로 추기경에 임명됨으로써 한국 가톨릭 교회 사상 최초로 추기경이 탄생된 것이다.

당시 전 세계의 추기경 134명 가운데 최연소인 47세로 추기경이 되어 한국 근대사회에 천주교 위상을 드높인 김수환 추기경1969년 서임 과, 정진석 추기경2006년 서임에 이어 염수정 안드레아 대주교가 임명되어 세 번째 한국의 추기경이 됐다.

교황 프란치스코는 2014년 1월 12일 바티칸 성 베드로 광장에서 열린 삼종기도 직후, 한국의 서울대교구장이며 평양교구장 서리인

염수정 안드레아 대주교를 포함한 19명의 주교를 추기경으로 임명한다고 발표하였다.

그리고 성 베드로 사도좌 축일인 2014년 2월 22일, 바티칸에서 열린 추기경회의 중에 염수정 대주교를 포함하여 신임 추기경을 서임하였으며, 새 추기경들과 함께 추기경 서임 축하 미사를 주례하였다.

염수정 추기경은 경기도 안성 출생으로 1970년 사제품을 받았다. 2012년 5월 10일 정진석 추기경이 서울대교구장을 은퇴함에 따라 계승하여 2012년 6월 25일 서울대교구장에 올랐고 다시 추기경으로 서임을 받았다.

추기경은 주교직에 부여된 권한을 그대로 행사하면서 만 80세까지 교황 선거권을 갖는다.

| 고 김수환 추기경

또한, 정기적으로 열리는 추기경 회의consistory에 참석하여 교회의 중요 사안들을 논의하는 등 소속 교회법적 권한보다도 세계 교회 지도자로서 추기경이 지니는 상징적인 의미가 더욱 크다.

추기경은 '주요 인사'라는 라틴어 Cardinalis인데 이는 곧 우두머리라는 의미이다. 9세기 초기부터 쓰기 시작하였다. 이를 한자로 추기경樞機卿이라고 쓰는데, 추기는 중추가 되는 기관을 말하고 경卿은 높은 벼슬이라는 경칭이다.

■ 프란치스코 교황 어록

* 가난을 외면하는 사회에
  는 평화와 행복이 찾아
  오지 않을 것이다.
* 가난한 교회, 그리고 가
  난한 사람을 위한 교회,
  이 어찌 우리가 사랑하
  지 않을 수 있겠습니까?
* 가난한 자는 힘든 일을
  하면서 박해를 받습니
  다. 그런데 부자는 정의

를 실천하지도 않으면서 갈채를 받습니다.

* 비싼 돈 들여 나를 보러오지 말고 그 돈을 가난한 사람을 위해
  기부하라.
* 목자에게는 자신이 키우는 양의 냄새가 배어 있다.
* 성인과 순교자들의 얼굴을 마음으로 충분히 느낄 수 있어야 한다.
* 낙담하지 말고 믿음을 잃지 마라. 희망이 사라져 버리게 하지
  마라.

* 화해와 용서의 첫 단계는 기도이다.

* 대부분 사람은 복 받고 성공하면 변한다.

* 겸손과 온유, 그리고 순종을 배워라.

* 기도하는 삶을 살라. 기도보다 완벽한 신앙은 없다.

* 자비는 주님이 베푸는 가장 강한 메시지이다.

* 남과 대화를 하기 위해서는 먼저 자신이 가진 마음의 벽을 낮추어라.

* 인간은 각각 자기만의 고유한 가치를 지니고 있다.

* 인간은 자신을 쓰고 버리는 소비재로 여깁니다. 사람들은 오직 소비력만으로 판단하는 세상을 만들었습니다.

* 아무리 좋은 아이디어나 훌륭한 명분을 내세워도 인간의 존엄성을 침해하는 것은 결코 용납할 수 없습니다.

* 학교는 어린이와 청소년들에게 역동적 역사를 만날 수 있게 해주는 장소이다.

* 어린이들을 위해 어른들은 보다 나은 세상을 만들어 물려줄 책임과 의무가 있다.

* 인생은 축구와 같다. 반칙하면 벌을 받아야 한다.

* 희망을 버리지 않으면 반드시 행복이 온다.

* 우리 모두가 험담을 하고자 하는 욕구를 다스릴 수만 있다면

종국에 가서는 모두 성인聖人이 될 것입니다. 정말 좋은 방법이
아닌가요?

* 인생이라는 작품에서 중요한 것은, 넘어진 적이 없었다는 것이
아니라, 그렇게 넘어졌음에도 그곳에 머무르지 않았다는 것입
니다.

* 만일 우리의 공동체가 언제나 뜻이 잘 통하는 우리끼리만 이야
기한다면, 이런 공동체는 더 이상 생명의 공동체가 아닙니다.

* 저는 하느님께 모든 한국 사람의 선익善益을 위해 '한반도에 화
해의 선물'을 간청드리고 싶습니다.

* 아시아의 평화, 특히 한반도의 평화를 간절히 바랍니다.

| 성베드로 광장에서 일반알현 도중 신자가 건네준 비둘기를 하늘로 날려보내고있다

전 세계 가톨릭 교회의 영적 지도자

프란치스코 교황 리더십

초판 1쇄 인쇄   2014년 7월 21일
초판 1쇄 발행   2014년 7월 25일

지은이 | 유한준
펴낸이 | 박정태
편집이사 | 이명수   감수교정 | 정하경
책임편집 | 김안나   편집부 | 전수봉, 위가연
마케팅 | 조화묵, 최석주   온라인마케팅 | 박용대, 김찬영

펴낸곳   BOOK★STAR
출판등록   2006. 9. 8. 제 313-2006-000198 호
주소   파주시 파주출판문화도시 광인사길 161
                광문각 B/D 4F
전화   031)955-8787
팩스   031)955-3730
E-mail   Kwangmk7@hanmail.net
홈페이지   www.kwangmoonkag.co.kr

ISBN   ⓒ2014, 유한준
                978-89-97383-37-5   44040
                978-89-966204-7-1   (세트)
가격   12,000원

이책은 무단전재 또는 복제행위는 저작권법 제97조 5항에 의거
5년 이하의 징역 또는 5,000만 원 이하의 벌금에 처하게 됩니다.

저자와 협의하여 인지를 생략합니다.
잘못 만들어진 책은 바꾸어 드립니다.